青坡集

간행사

계명대학교(啓明大學校) 동산도서관(童山圖書館)에서는 옛 문헌을 수집 보존하고, 현재의 지식으로 재현 활용키 위하여 여러 가지 노력을 기울여 왔습니다. 수장(收藏)하고 있는 약 70,000책의 고서를 2004년 개교50주년을 기념하여 『고서종합목록(古書綜合目錄)』으로 정리 간행하였고, 1999년부터 문화재 지정을 지속적으로 신청하여 2006년 4건의 고서를 추가로 보물로 지정받음으로써 현재 총 11종20책의 국가문화재(國家文化財) 보물(寶物)을 보유하게 되었습니다. 이처럼 동산도서관의 고서의 수장은 질적, 양적으로 대학도서관으로서 가장 우수한 수준이라고 할 수 있습니다.

계명대학교 한국학연구원(韓國學硏究院)은 1973년 한국학연구소로 출범하여 문학, 역사학, 철학, 민속학 등 제반 분야에서 한국학 연구를 심화하고 활성화시켜 왔습니다. 이후 우리나라의 국제적 위상이 높아지고, 그에 따라 한국학을 세계화할 필요성이 높아짐에 따라 1989년 한국학연구소를 대학 부속기관으로 승격시키고, 기구를 확대 개편하여 한국학연구원으로 재출범하였습니다.

고전적(古典籍) 같은 한국학 자료는 역사적 가치와 미래적 가치를 동시에 지닌 인류의 소중한 학문적, 문화적 자산입니다. 이러한 자료가 국내외에 널리 공유될 수 있도록 하기 위해서는 자료의 가치에 대한 다양한 소개와 보급이 필수적입니다. 그리하여 한국학연구원에서는 이러한 취지에서 2007년 교육과학기술부 국학기초자료사업에 '계명대학교 동산도서관 소장 선본고서 해제 및 자료공개화 사업'을 신청하였고, 바로 선정되어 현재 원활히 사업을 수행하고 있습니다. 계명대학교 및 동산도서관에서는 이 사업의 취지에 공감하여 전폭적인 협력과 지원을 하고 있습니다.

1999년 동산도서관에서는 '계명대학교 동산도서관 고문헌총서'를 기획하여 1집으로 『무예제보번역속집(武藝諸譜飜譯續集)』(1999), 2집으로 『두시언해(杜詩諺解)』(2000)를 영인, 보급하여 학계의 좋은 반응을 얻은 바 있습니다. 재정적 문제로 사업이 지속되지 못하였던 바, 금번 자료공개화 사업의 일환으로 이 우수한 사업을 다시 잇게 되었습니다. 본서는 이러한 내력을 가지고 간행되는 것입니다. 이번에 영인되는 책은 김시습(金時習, 1435~1493)의 『매월당시고(梅月堂詩藁)』(3집)와 「매월당시사유록(梅月堂詩四遊錄)」(4집), 이륙(李陸, 1438~1498)의 『청파집(靑坡集)』(5집), 정희량(鄭希良, 1468~1502)의 『허암유고(虛庵遺藁)』(6집), 이중경(李重慶, 1599~ 1678)의 『잡훼원집(雜卉園集)』(7집)입니다. 이들은 간본(刊本)으로 현존 유일본 또는 희귀 초간본이거나, 필사본(筆寫本)으로 저자의 친필 초고본에 해당하는 귀중한 책들입니다. 그 구체적인 내용과 가치는 개별 해제를 참조해주시기 바랍니다.

한국학연구원과 동산도서관에서는 앞으로도 한국학연구에 도움이 되는 좋은 자료를 선정하여 연차적으로 영인본 또는 화상이미지로 보급하고자 합니다. 학계와 도서관계 여러분께서도 이러한 취지에 많이 성원해 주시고, 이들 자료를 바탕으로 활발한 연구가 이뤄지기를 기대합니다.

끝으로 이들 자료의 해제를 맡아주신 박철상, 장인진, 김연수 선생님을 비롯하여 사업의 기획, 자료 선정 및 편집 등에 수고해주신 관계자 여러분께 감사드립니다.

2008년 8월

계명대학교 동산도서관장 김 종 영

계명대학교 한국학연구원장 이 윤 갑

靑坡集

嘗中息是文詞日進筆
削益播敗而魁大科選玉
堂日與群彦晁侍經幄
磨礱漸漬以廣其學問
以此知公之於文章其蓄
之也深故其發之也長自公
之皇高祖平齋公以下三世
著述有鐵城聯芳集盖

公之學問淵源文章機軸多自來矣而不之較而過之者然公知遇列聖歷敭清顯階位不滿能而至擠陵之端嚴識見之超邁謨猷之究達隱於是台輔之望至於文字著述此多以盡公之能而觀者無可以知公之

抱負不常也其觀騷人
墨客屑屑於鍊意琢句以
役其精神年年事業可
傳於後者自不同矣公之
子判官峻裒集遺編既請
余以刻諸梓又求一言序
其首蓋以其繼之勤也
且文章之傳後不在序之

工拙遂不自量書以爲序
正德壬申四月下澣崇祿
大夫判中樞府事晉川
君姜渾序

青坡碑銘 并序

成俔

弘治十有二年夏李君峴以其先君行狀俾人請於俔曰知先君事蹟者莫如子欲丐文銘諸隧子其誌之余於先君非面朋也自齠稚相從爲學偕捷司馬拔英兩試立朝三十餘年有金石交契之密雖不命猶爲之况命之勤乎謹按李氏出固城爲高麗鉅宗有諱嵒號杏村登第官至門下侍中謚文貞爲詩簡古筆法妙絶與趙松雪相埒寔公皇高祖有諱岡號

平齋登茅官至密直副使謚文懿寔
公皇曾祖有諱原號容軒登茅事我
太宗參佐命功臣官至議政府左議政
封鐵城府院君寔公皇祖有諱埤寔
公皇考登茅官至敦寧府正以公勳
追
贈禮曹參判皇妣鄭氏籍迎日
縣監察諱保之女文忠公夢周之後
贈貞夫人正統戊午四月十六日生
公公諱陸字放翁自號青坡居士天
頒己卯年二十二中生員進士試公
少時倜儻不羈擺棄家事有遊學四

方之志南入智異山窮山水之樂三年不出聞風從之遊者雲集人有誚其不習擧子業者公曰士之榮悴有命豈可留心於雕篆小技遂探子史諸書矻矻忘倦甲申 世祖幸溫陽取士公自嶺南至揚言於衆曰不占巍科誓不入洛果擢第一名聞騰翥超授成均直講成化丙戌中拔英試戊子又中重試累遷 世子文學宗學司誨皆帶藝文應教藝文高選也與選者皆一時名儒朝夕昵侍 惟

幄恩眷甚厚 睿宗卽位擢爲司憲
掌令兼藝文典翰 成宗初公猶爲
臺官言事讜直皆切當務 特命陞
堂上階折衝行虎賁衛大護軍盖奬
之也當論將擬公佐理公辭以無勞
只 賜原從功臣之號拜掌隷院判
决事移拜成均大司成掌成均試取
趙之瑞申從濩等二百人時稱得人
還拜判决事申相叔舟 啓曰李某
以文翰之才不宜久委薄領宜授閑
官以展其業 上可之 御書注工

曹參議丁酉夏 御書出為忠清道
觀察使時府正公守槐山郡有 旨
宣召且諭之曰父為郡守子為當道
監司交代之際授受甚難其速上来
時論榮之歷吏户禮曹參議 上患
獄訟淹滯設斷訟都監 命公為提
調公天性敏達翰墨之餘兼習吏事
裁決得當故有是命甲辰以刑曹參
議陞嘉善拜慶尚道觀察使機務倍
他道公剖斷如流一道稱美乙巳以
疾辭拜漢城右尹丙午丁父憂服闋

累遷江原道觀察使禮曹參判庚戌
以正朝使赴京歷同知中樞刑曹參判
甲寅 成宗賓天今 上特命公爲
請諡承襲副使公有宿疾親戚皆
以跋涉之苦止之公曰人臣義當夷
險一節況値國之大事其敢顧一己
之私遂行禮部問本朝世系人無對
者公歷叙本末辨對無少差華士嘆
服以謂識事宰相累遷京畿觀察使
司憲府大司憲漢城左尹戶曹參判
又遷兵曹參判兼同知春秋館事預

修 成宗實録弘治戊午三月十七
日以病卒于弟享年六十一訃聞賻
祭有加親朋僚屬爭奔走弔祭是年
五月十九日葬于廣州南面加次栗
里先塋之側夫人朴氏祔焉公性端
嚴正直自筮仕至為宰樞一心奉國
終始不渝少喪妣事後母南氏如事
親母定省不少廢南亦待如己子又
與諸弟友愛居家嚴肅內外截然有
範劃人接物言笑不苟凜然有不可
犯之色臨終語諸子曰兄弟一氣當

極親愛諸子在傍泣公曰人誰不死
但有先後耳何必掛慮公慱通群書
尤長於史爲文祖韓愈富贍典實所
著有家集及青坡劇談自杏村平齋
容軒三世皆有稾久幾泯滅公綴緝
之行於世即鐵城聯芳集公再娵先
夫人朴氏籍高靈縣交河縣監秀林
之女生三男二女性醇慤温淑常誦
孝經暨忠臣孝子烈女之事以教諸
子承其教皆淂成就男長曰崻漢城
判官次曰嶮副司果次曰嶫進士女

長適直長安邦彥次適別坐甫倣後
夫人金氏籍慶州部將鈞之女生一
男一女男曰嶠將仕郎女幼判官娵
僉節制使張賢孫之女生三男二女
男長曰滉承義副尉餘幼司果娵副
正鄭沃之女生一男幼進士娵郡守
沈順道之女生一男幼直長生三男
四女男長曰澮女長適 王子檜山
君恬餘皆幼別坐生三男二女皆幼
銘曰鐵城之李爲國大姓赫赫諸賢
世篤其慶乃至於公優有德行蔭官

涖事不失其正孝友恭恪自出天性
文辭哲發心手相應談論懸河人無
與競精明所照物莫逃鏡其理刑獄
先辨五聽其受言責忠言有諍出按
四道咸服善政歷敭六部蔚有聲猷
經綸大手宜付國柄何富之德而嗇
其命善慶所積門闌轉盛有歸豐碣
瞻者起敬

青坡集卷之一

聯句

石峻飛泉咽薰蹊漏月明雨餘紅芍嫩風定白雲生正坐心從爽憑虛骨欲驚客吟連理頌僧誦法華經宿鳥投林急啼猿近寺行有心從石木無事趂龍鍾

斬松除小徑累石築高墻凋草連空翠岩花帶雨香新鶯啼舊樹老衲剌明窓螻過天疑近人稀路欲荒山深迷遠近身老決行藏

奉贈晉州牧使

五[illegible]曾入史同韻副民謠政簡今張趙
刑清昔賈陶聞風来絶域感德坐通宵
千里遭陳蔡凄涼鬢髮飄

贈伯勝

明朝伯勝巴山去路過菁川矗石樓遥
想滿江秋月白客中清與正悠々

在斷俗寺偶吟

匹馬盆城雪輕舟子胥濤三叉迷海口
七點似秋毫月白鮫人泣風微燕子高
沉思歡會處繁瞀夢蕭々

在八鎮城次先祖韻

天涯隱映海雲多漁火遙連竹裏家月
白殘城偏有興騷人更賦扣舷歌

偶吟

溪雲浥露石榴香夢破禪窓日正長緩
步天然成雅趣不知身世是他鄉

矗石樓

菁川矗石舊山河南望平原草色多日
落波明天接水時聞漁笛隔烟霞

偶吟

一區仙界最奇雄寺在頭流獨立峯夢

罷曉鍾猶有韻滿簷山雨滴秋風

奉酬薛水使韻

千里關山月長歌細柳雲英雄張相國

玲重薛將軍鍾鼎無前業山河第一勳

論兵餘力在厚意及斯文

奉贈晋州牧使

為州古侯伯朝議得名臣浙右馳聲早

滕東頌德新藎盖經幾日庚癸望深仁

回首家山遠飄颻滿甑坐

寄友

寂寞雲山問訊稠淒涼秋夜夢魂遙箇

中無限傷春意欲寄江南不自由

贈天悟老衲

天悟號韻釋年未見大意一遇清源寺
相期入智異

示伯勝等

貞心應傲雪壯志欲擎天共坐攤書罷
更深月正圓

示貞父等

晩歲禪房意思悲亂山風磴足音稀多
謝異鄉同榜客百壺清酒遠相隨

奉贈尹經歷 渼叟

寺鍾搖月夜迢迢夢罷梧桐一葉凋千里家鄉詩畫錦十年車馬過仙橋愁邊塞鴈經心度吟畔山花滿目饒天上明光應有暇一雙圭璧下雲霄

贈朴敎授 孟智

千里相逢接酒兵滿溪微雨聽無聲刀鳴縷膾寒飛雪匙滑絲蓴細煑羹三峽倒流詞入妙五湖幽趣眼終青高山更有知音在彈盡年來百不平

續蘭亭會詩

遠峀濃濃入眼青一樓形勝在江城習

池忽訪孫中散聚光初邀馬長卿千里
留連歌數曲幾人悽惋留三聲佳人更
有相思調滿坐偏驚不分清
大野微茫草色青長江袞袞繞殘城滄
浪遠接子陵瀨物望舊推安石鄉酒半
好風驚獅面愁邊繁管細傳聲他年發
記今宵事應取溪山分外清

始下頭流遙寄尹亞使

空外藤蘿盡日攀石邊溪水下潺潺風
飄一展雲初卷霜染千林葉已殷始覺
海東還有嶽從知天下更無山十書不

郭蘇秦老歸去函關事亦難

　題頭流天王峯下石窟

一展尋山意飄然勞一層穿岩微有徑

徧行忽逢僧古木生苔卧懸崖往石崩

近天多雜事八月有堅氷

　題佛日寺文昌公崔致遠所遊

處也

一坐星斗滿肩襟四字奇蹤直至今昨

夜龍淵雷雨鬪高人應在此山林

　自斷俗携義林寺寺在八莫縣

四

天涯義林寺風景似頭流犬吠仙家暮雞鳴水國秋漁舟烟外月蘆葉客中愁出手無佳句空慙趙倚樓

奉酬鄭教授 彥良韻

一日山窓十二時野花溪鳥不禁思賡文近有瓊琚報過許崑山桂一枝

細泉

石底寒泉在宵來轉有聲泠泠床上咽細細枕邊清已把盈科意兼存閱物情龍宮曾有約不許暫時停

次閔佐郞韻

石溪松榻卧偷安一曲琴心興百般潦
倒自應傷白雪踈慵端合在青山風流
謝傅餘塵土蕭洒劉君有羽翰世事於
吾毫末耳從今更意鍊金丹

寄伯勝

秋來何處有鱸魚人去巴山為附書謂
此開罇今可矣江東携手昔相求多情
白月長從我不俗青山更起予浮酒自
應醉為度蕭踈短髮不堪梳

偶吟

一自咸京去三年逐嶺雲迤逢寬處笑

心向靜中存此意知應少憑君且莫喧
聞雞仍起舞江月照山門

符堅得王猛

東海有人真英才雄圖壯略呑六合提
兵一起內難平指麾顧眄天地窄驚聞
北海一布衣王猛其名字景略衣敝捫
虱談天下平生細務曾不屑管晏自比
真不忝南陽卧龍乃其匹鶴書初赴蕙
帳開風采照人人望屬舉賢修法紀綱
振卹窮乏義父老悅索頭龜茲次第舉
平燕定蜀如破竹勳舊親戚無敢議十

分有九功等一窶樓為能薦忠賢桓温
猶未識豪傑跡同玄德遇孔明事似高
宗得傅說嘻〻人心皆無定長驅百萬
南阨洛投鞭斷流一何壯鶴唳風聲一
何怯豈天不欲平四海時強無備終傾
覆臨淚一言中膏肓君王遂厭居黃屋
帳裡射狼反吞噬地無容足身安托英
雄運去事如此死而有知當痛哭

呼韻

蒲洒江山似有期每逢佳處快吟詩無
曰得奮垂天翼憇棍鷦鷯滯一枝

二年江月一樽前隨處琴碁到處眠何
事山房偏寂寞孤燈挑盡夜如年

偶吟

南來飄泊意一倍早年悲山靜月明夜
水聲人卧時憑窓吟遣興發友起題詩
忽有思鄉夢隨風萬里歸

奉贈固城崔太守有臨

洽功成五載有命自天題戀闕雙鳥鳥
登仙五馬蹄一朝劉令虎千里李氷犀
從此扶搖路騫騰不用梯

贈友

平生狂簡計仍疎飛鳥孤雲獨起予出處也應閑汝亂文章何必奏璠璵磨斧此日心猶健游刃他年目已虛千里相尋還有意九天相送賴吹噓

遣興

一片溪冬雪終年賦遠行詩顛憨江客酒癖愛東京劇飲三巴月扁舟八鎮城向來蹤跡意隨分不經營

雪

客裡冬初雪臨風落幽遲霑崖工陷虎著樹巧粘花不飲吾誰待先春興已多

剡溪何處是一葉泛天涯

送贈叔度

天涯留滯有青山萬事傷心鬢欲斑長懷梅兄舒白眼還收姹女駐朱顏陶公作賦曾辭郡李子隨春更入關聞道金鑾初賜對騫騰從此眇難攀

江南物色亦堪悲自愧吾生久矣衰春旅早秋初作眼目從寒幌更催詩青山有約吾猶在紫陌無心子豈知嶺外風流還跌宕朝來詩酒暮琴棊

百年人事不勝悲回首長安去路迷並

駕書劉知有在齊名李杜復何疑平生
負病猶天使他日功名恐數奇紫燕入
雲風勢健從今驥尾欲相隨

遠廻

孤炯坐遠村上接青空蟠初訝春天雨
蒼崖濕不乾復疑蛟龍怒飛掣島與間無
乃青雲梯令人可躋攀可望不可狎恐
是風騷壇

呼韻

兩度孟城雪重遊入鎮春開門迎孟友
隔水問通津潦倒甘貧病況浮棲隱淪

致君終有望天語夢中新

贈遠 前二句在星州途上作後二句登第後作

行官細柳綠初匀天語温〻夢也真不必江南傾國色杏園先占一枝春

謝水使薛公贈劍

綠鬢將軍氣勢豪相逢贈我呂虔刀憑君欲試褰旗勇會見降帆豎萬艘

別貞父

明朝我向高壘去子且留連八鎮城臘破蹄來應未晚春風匹馬會東征 將欲遊東京有此句

贈別

春光淡蕩早梅紅欲別悠〻意萬重雪
盡菁川應信漲好傳雙鯉到江東

贈君千里紫羅囊春到溪邊日正長一
曲陽關雙淚眼別離無奈太怱忙

遣興

入鎮歸來未浹旬彩雞絲柳一般新攤
書倦卧春窓靜海上孤雲入夢頻

又

一展頭流月扁舟盡石城不才慙謝傅
無望副蒼生

僧房

却慙塵世少才名纔到僧房無限清憑
窓忽有江南興手析寒梅寄遠情

偶吟

披雲北望終南山不見終南空倚欄倚
欄終日倍惆悵一樽聊復慰春寒

盆城懷舍弟

不見惠連久詩才進也不偶尋康樂夢
饒賦仲宣樓寶樹知爲貴樗材愧未俟
北來消息少世事各艱憂

題廣州壁上 此也 後乃登第後作

獨上高樓曉奇觀滿目饒北通豊壤野
西望樂天郊客怪人爭見花深鳥正交
我来尋半刺松韵夜蕭〻
廣陵山水自雄奇遠樹低烟巧入詩何
事風流新直講倒騎蹇馬賦言歸

銀杏

一枝銀杏摘来新緑玉青珠箇〻真待
種他年成滿把要教重葉蔭西隣

安邊路中有感

春山苜蓿馬總肥祖道東郊千影移一
片崑山名已過兩年滄海夢真迷雲低

鐵嶺天疑近地入王庭路漸危北望悽然傷往事古來英俊已成非

次咸興仙景樓韻

古來仙景擅吾東一上平原四望通新占勝區奮異壤裏旧傳佳氣草萊中天聳山色穿雲碧露抱葵花向日紅更有好風來拂面始疑毛骨已搏空

在安邊偶吟

留連鶴浦浹旬餘無日溪邊不杖藜更有風流歡洽外時從閑暇讀詩書

贈貞父

自謂知君唯有我方知愛我莫如君須
有一言相贈處有何懷抱不云〻
密城才學自新鳥嶺路風流定比硎磨
却內山眞隱石斬他東海老鮫精更開
一夜驚鸚鵡松老千年斷茯苓霜刃會
能施有處龍光旧犯斗牛星

華陽亭

戰馬曾聞放華陽至今奇種別成行田
肥苜蓿春初長〻晩逢膏雨欲香嫩色
細看雲錦亂離姿更覺玉花良向未汗
血眞龍性他日應知老驌驦

寄晉山諸友 一

去年智異山前寺門外清溪入夢頻鄭谷子眞誰與樂廬山惠遠本來負慈傾幾斗晉江酒夢覺一枝巴峽春一別星霜玄鳥变不堪南望苦傷神 古醉卧巴山有妓一枝春者聾覺之告以親試之奇故云

喜伯勝中生負進士漢城試

昔年李伯勝從我遊頭流我忝鄧說桂君尚滯林丘今年有大喜目中無全牛頭流浔無色斷俗會傳名更須勉前步勿負嶺南行桂林千古事菁川一斤石

長卿不必慕襟期有潘岳

金化郡次稼亭韻

愁腸幾割尖山劒客裡偏驚夜雨聲阻
氷不能移一步斥時歸夢到神京

甲申春僕中狀頭潘仲以詩賀
之明年乙酉潘仲亦中狀頭
僕遂和前韻以賀之

聞說非熊獵渭濱爾來三日擁車塵殿
前雙盖又無賜頭上一枝還色春二十
年來曾晦跡三千世界向殊倫相逢若
道龍頭壯我是舊郎君是新

出處寧非北海濱少年仙骨難凡塵汝
陽晉字誰先後京兆文章早此倫醉裡
玉聲天上語人間殘桂夢中春韓山自
有凌雲態從此方知事業新
平生自喜老江濱豈意如今惹世塵無
才合賦江東興有夢長尋嶺外春一代
詩壇尊物望累朝文翰屬天倫韓山也
是嵩高岳會見東方大雅新

駕鶴樓次圃隱韻

微茫鶴野有高樓匹馬來登一整留于
里河山星共拱百年世事水東流興已

幾閱今如古寒暑迭來春復秋英雄已逝殘城在徙倚沉吟不自休

次于後韻

于後吾知不俗人雅歌終日悲青春比蚕未滅行當用珍重江湖七尺身

送日本僧

上人瀟洒出凡倫來自扶桑瀚海濱詞感帝王偏荷寵恩承雨露也渾身光明轂裡初聞法寂滅心中已破塵一片征帆天接水幾回清夢故鄉春

雨晴

久雨晴應好朝來物象呈黑雲初解駁
紅日始鮮明野草含風軟山花墜粉輕
眼中唯足興何處不昇平

朴淵

天磨山上寺勝跡朴淵傳雨細苔猶濕
風微水自漣君王曾總詑騷客亦聯翩
好去三公子奇蹤似昔年

松都

我有行謀日且年舊都風景夢蕭然如
今直到殘城暮古殿依々碧樹前

稚栢

中庭手栽栢孤立不成林虛作蛟龍狀
不堪雷雨侵誰知滿尺榦已有凌霄心
更待十年後憑君借綠陰

漁父

長江如練月如波上有青天下白沙一
片白鷗浮浩蕩隔蘆漁笛送生涯

鍾美村舍次世蕃韻

一片溪山遠市門園收芋栗水收鱗知
君自有安心藥能壽高堂白首親

初聞李施愛陷北路

四鎮自古富精銳百二之強天下無濵

海忽聞鯨鼓浪近山猶信虎憑嵎書生
未解陳三表壯士誰能奮一呼已見聖
謨天廣大陋邦殘孽不須圖

遣興

桂楫蘭橈泛泛流一生滄海老堪休年
来便有投簪意手折貂蟬作釣鉤

贈京極殿使老衲

道林才不世銜命自扶桑佛界金銀色
宮壺雨露香鶯懷詩幾首乘興醉為鄉
雲鎖他年恨知師亦斷腸

北征

宗英新佩玉麟符鈇騎長驅所向無穴蟻不曾延頃刻淵魚何謂假須臾宣衣徧及三千士御醞遙頒十二壺喜見雲臺諸將士人人各自應時須

感古

沛上誰能仗義西關中已奏籙圖書當時碌〻皆攀附休道英雄臥草廬

北征

北征諸將似英公凛〻猶酣百戰雄旗飜白日蔽長野絢動青虵橫半空詞入欲撰平淮雅壯士爭誇破敵功際會自

知非力致合應高卧洛城東

故曹案司直遷葬挽章其壻宗室嘉林令請之

哭君知幾歲流恨至今存岩樹成新塚
川原廢故壙夜寒天更慘山迥曉猶昏
題挽慙非手高吟少慰魂

昔聞曹氏譜名閥擅東方玉樹門闌色
金枝并葉光隴雲橫慘淡岩木遠微茫
水嚙塋仍改神扶業更昌眼驚新歲月
血盡舊衣裳此日眞堪惜題詩慰不亡
一聲萬里亂山橫十里西岡馬鬣成更

識英魂遷有處薄雲寒日暗銘旌

戊子夏累月留宿禁中恩許也

青鎖高懸紫闥深天恩崇重力難任段

來細憶還如夢頭上依然白日臨

感古

須知蝸屋是良圖蛛網蚕絲竟自拘社

稷已歸龍鳳質江山盡護虎狼都曾聞

緣木求魚誤便覺騎驢逐鹿迂自古解

牛元有手休將百萬費梟盧

贈國華

舊聞清河名今見清河面風彩足驚人

文章自精練從茲許與分情意何繾綣
氣稟固難得神交古所羨何況生同調
朝暮得相見自知非分會未往何由倦
所貴在信義敢論貴與賤擔山有一若
胷藏書萬卷勁直能自立不與世態變
每論當世人崔子邦之彥子寧相識不
才高不肯衒前日辱見示滿目絲錦絢
忽訝蛟龍鬪鱗甲墜千斤翻疑天地怒
百里驚雷電我欲學爾為決意窮史傳
為亦不見成所在動遭譴誰堪鷄笑鵬
飽見烏嚇燕至今十載來兢〻復戰〻

天道不可誣晚途叨受眷我今官幸清
君亦入侍院顧言公退餘從君誦文選

君訟次益城諸先生韻

天地無邊歲月長頑驚奇物出非常盤
根久已盟泉石矮質猶能傲雪霜雨過
虬皮初受澀風來鈌葉欲生凉主人早
識千年操終日相看倚短墻

次世蕃韻

世緣於我亦浮埃軒冕雖榮是偶來眼
底有花生幻妄胸中無酒下礧嵬當時
幾見鷦鷯笑他日寧無燕雀猜更有何

能道我向來狂狷不知裁

贈叔度

獨坐悠悠思萬端破簷踈雨逼肌寒詁
愁合用千鍾酒換骨徒聞九鼎丹跨馬
幾人尋紫陌卷簾終日看青山須君莫
訝相邀意要使談鋒到夜闌

聞許士諤羅水原通判

聞道隋城半刺公徽科政拙考中下劉
雞誤薦屠牛手構厦誰收斵鼻工坐嘯
不嫌官長罵卧彈猶見歲時豐廣陵[illegible]
日秋風早爲訪寒江獨釣翁

題圖扇

遠山細如眉落鴈秋毫末長江一葉舟
滿載中天月

送晉州崔通判

清河才子最風流酒斗詩篇兩自由驄
馬幾回驕老膽玉鱗聊復佐雄州菁川
月苦天如水矗石風微夜似秋何日無
從湖海去鳳簫聲裡卧江樓

妻祖母安氏挽章

壽富康寧自古稀眼前兒子舞萊衣家
傳淑愼編彤史天賦柔嘉動紫闈四代

幾人鳴玉佩一門三世照金緋可憐夜
壑藏舟意造物何曾有是非
夫人夙德自幽貞享福今過九十旬內
外子孫知幾許青衫紫綬照門庭

遣興

平生自負亦何奇遠比前賢定是誰鉄
騎會當沙漠去毛錐安用簿書爲白雲
點𥝢慗天老黃石經綸學帝師造化未
應猜此物晚年何事病相隨

題日本僧崇悅詩軸

海上閭浮木道通象牙鮫錦獻金龍曾

聞魯國乘桴老便覺秦家採藥童主將
也能修禮義禪師亦復壹之風從今欲
訪滄溟路回首神山縹緲中
昨夜仙查犯斗牛日邊飛錫下神州人
間未信傳三島海外方知更九洲天語
幾回霑雨露風帆也復閱春秋師歸啟
國應多感袖裏香烟尚未收

成磬叔母夫人挽章

復將積慶賀明神壽福如今向七旬淑
德最宜賢宰相異恩曾拜國夫人一兒
早世文章在二子當年事業新為與司

經深有分詩成不覺淚沾巾

示弟陌

為爾兒童勤讀史十千年事眼中新看他不學無知者猶是終身面壁人

乞藥崔國華

愧余結屋青坡中一身百病家家貧無錢可買君臣藥有友須憑爾汝人清河有客字國華能以慈悲度人均況今秋官最冷澤口脂面藥隨天恩請心家宜眩昏氣保命直治養還憑身後來此物未易得為將拙句煩吾君

大殿春帖字

宣政鳴蒼玉開封進壬午太平新有象
瑞氣繞瀛洲
灰飛金管夜花貼繡楣春共喜昇平樂
長膺萬福新

大殿迎祥詩

節屆三元日祥浮五色雲新年開鳳曆
歌頌太平春
臘盡飛元日梅花接頌聲一年新氣象
萬福享昇平

陸馬寄本府諸僚

金鞍玉勒疾如飛薄暮還家路忽迷駿
馬不曾饒御史翻身直墮坂中泥

李中樞潘仲大夫人秦氏挽章

海嶠無盡劫人世苦喜榮二子登樞密
六旬享康寧蝶夢初驚日魚臂倍傷情
黃驪山幾疊曉色隊銘旌

奉贈朴觀察使揵二十一韻

密山生俊士眉宇自天人學洞幽明理
心窮造化真少年膺藝選老手絕群倫
嶷〻大賢後休〻名世臣登瀛方弱冠
入閣尚青春列聖垂隆眷殊方望至仁

湖南初授節閫右又理輸出入成年代
閑把付笑頭鳴沙千里路叢石一江濱
宣化甘棠在專征細柳新山河雄鼓角
身世混金銀風物能牽興文章豈檢身
石山紛盡骨滄海渺無津得意知多少
爲歡任屈伸鴛鴻非敢望龍虎未宜馴
意氣由來合交投自古神別離何太苦
會合幾多旬有句應踈故隨時寄賤貧幾
年尋勝景無路侍芳茵歌管何轟咽民
獠自朴醇公餘饒得趣應共慕中賓

癸巳之春我家君出守攏山予

以久闕定省受辞紫禁便道到郡數日吾仁川蔡君壽亦陪乃
公而來相與語其道途之艱苦
世態之翻覆大笑痛飲不知日之西夕矣明朝君次樓上韻以相示予不敢辞敬賡以呈非敢爲詩聊以無忘今日云耳

千巒直抱殘郡二水平分小城殿閣涼
風自至池塘芳草初生閒來幾見時態
相對都無世情痛飲但當得趣何知身
後功名

次忠州東軒韻

中原清勝號名區景物紛紜滿郭隅月上半窓明似畫山垂四壁嫩如圖琴傳細意頻三奠酒激幽襟欲大呼誰信風流狂祭酒年來已賦故園蕪

次陰城韻

息馬長程畔松陰漏落暉小溪猶九折古木直千圍百歲人將老三年鳥不飛才非林祭酒敢賦百家衣

送李參判克墩赴京十二韻

男兒生有志乾坤恥不食不比兒女子
寂寞守閨閫廣陵高嵳峩魁傑孕磅礴
文章是餘事經濟乃其術少年昔朝天
浩氣跨薊北況今宰相行風彩動上國
乃知專對能朝廷用不失自愧青坡村
一世老局促見同井底蛙心似籠中鶴
再見大夫行援筆仍起立韋為丈夫身
此身何拘縛安得乘長風萬里如箭決

謝古安南都護見訪

青坡處士家顛狂問柳尋花到桂陽五
馬態車門外繫一間茅屋欲增光

西江觀水戰戲

西江之水淨如練畫鷁破浪疾如電萬卒齊呼不旋踵奮矛免胄方酣戰將軍右把青蛇劒左手指揮白羽扇号令明嚴士卒習金鱗耀日腰勁箭箭軍復用黃盖榮水駛舩飛風更便鼓譟一合大江窄俄頃降帆竪一斥咫尺已悲山河裂白日旌旗暗不見鹵笑真得萬全姣勝敗分明在顧眄龍顏載喜曰西飛千艘萬斛紛星散云是大平水戰戲且以鍊士匪遊衍小臣幸忝侍從後縱目快

觀終懸稿

咸昌縣次先祖韻

暮宿咸昌縣危樓勢逼天登臨雖縱賕

風景語無邊

寄晉牧尹子瀞談叟

菁川矗石舊山川入影風流別洞天十

載敢未頭尚黑無端南望思悠然

沉吟細憶十年春滿眼佳兒揔故人誰

信叨明賢刺史風流曾作幕中賓

次矗石樓韻

千載風流地山河亦壯哉波平天似私

城古石爲臺四馬昔曾紛十年今始来
登高饒得趣作賦愧非才

夜半聞毛山笛

卧雜群花蝶夢香中宵起立引杯長誰
知此夜毛山笛已斷他鄉鐵石腸

次眉叟韻

男兒豈苟然一身備文武㨗能退蓬萊
用可作霖雨憂樂非窮達功名無老少
年来髀肉生有酒須痛醻

次洪同知翁字頡初崔寧城以
翁爲詩凡若干首以贈洪徐達

城及諸文士咸和之

平生忠厚大人翁自謂羲皇上世翁一斗半酣仰面笑世間萬事不關翁心健顏衰翁不翁一生書癖杜甫翁育英自是平生事珍重斯文六十翁白黑無分老便翁有兒滿眼孰非翁居淼忽憶十年事念〻看來已作翁互鄉何事笑乃翁別号吾亦得了翁迫駕由來多不羈更裁狂簡就尼翁

賀徐尹兩郎中復拜持平右兩公皆吾判決時郎官故有戲語

身老難堪百病嬰飽聞今日尋持平位

昂已付權衡手利害應尋鐵石盟怒去

有拳能破賊愁來無物合攻城天知栢

府偏蕭洒為遣人間兩酒星

遣興

平生自許未應輕誦讀何曾為姓名再

判都官緣聖主三為博士負錢兄病深

合用君臣藥息重須知父母經老去為

官心轉拙向來幽獨有神明

偶吟寄于後

幾歲青坡共往還忽驚犀帶耀腰間身

遭世屈希奇策功立昌陵擢峻班未極
眞龍表冀野須知片玉出崑山俱彝盡
閣淩烟柱終日援壺剩得閑

送朴君嚴覲親平安之介州

岊嶺迢迢隔北門白雲終日思飛翻年
來未見平安字老去能忘鞠育恩況復
連環頻入夢那堪倚閭倍銷魂臨分爲
贈雙紈扇好却黃香一枕煩

爲人求薦詩

年來慶酒喜相遭千載東京有鳳毛同
榜故人今貢爲一時高義昔山濤誰憐

他日徵科拙便覺當時守法勞敗將自
知難語勇咳霆更試割雞刀

世祖大王國忌

昔年今日忽天崩擧國臣民痛拊膺夢
裏幾番陪聖主覺来何處望光陵纔毫
盡是乾坤力寸甲無非造化能欲報洪
私嗟已矣龍孫從此永相承

青坡四興

林花未吐杏初紅十里村烟一望籠為
愛芳辰侵曉起誰家羯鼓促辭〻
薔薇芍藥妬芳姿萬物繁華是一時鳴

語丁寧如有意曲叙詞客解吟詩

霜葉如花菊欲黃園収柿栗稻初香城南有酒方浮緑一飲能令萬恨忘

青山変作玉山高望盡西南地不毛閉户擁爐無箇事不妨随意酌芳醪

寄景會仲素兩紫薇

紫薇花下紫薇郎細酌黃封日正長仕宦劒鋒誰敢敵朝朝聊復侍君王

冬雨數十八韻乙未冬也

冬燠固為惡冬雨尤所忌天地既失正陰陽錯用事終日暗濛濛咫尺不辨視

正當二陽月逡巡有此異天意亦難知
廟堂勞圖議前路苦泥濘往來多顛躓
瞭六或失偶雨工仍獨從春秋書無冰
未必是冬季何得聖明朝四時乃易位
主人亦廢頻日思寒冽至朝、起視天
濃霧滿大地氣象一似春明年況相值
我年三十八所見亦嘗備冬燮或吉祥
何爲苦相惴所根廢凌陰來夏苦炎熾
病夫卧煩渴寸冰難可致理變當有手
造物豈無意朝夕漢水合鑿冰催胥吏

奉贈欽差副使張瑾

天上星芒動人間使命傳節寒遼野月
春盡劉門炯詞賦今醒孤風流舊謫仙
皇恩無外內更會在何年
登義州統軍亭
朝辭鳳闕暮龍灣千里江山百二關雲
盡黑山高峻屹雪消春水下潺湲一生
鞭馬心猶健滿眼風霜鬢欲斑自知王
事從今始九死何辭道路難
城上高亭在相傳是統軍北贍連韃靼
西望接燕雲直為防奔突非緣察祲氛
長江天所限賴倚樂耕耘

過平壤

銜命關西數十程夜踰雲棧到箕城龍舟蕩漾隨風去仙女蹁躚辭水迎他日未堪鞍馬苦此身疑有羽翰生何事春遊偏寂寞又過高唐夢不成

賀玄都承旨德璋

洪恩不次自天申始識中書回舍人為信持心堅似石還驚吐句艷如春我騰鵬路君方屈君上雲程我又屯從此三千寬世界問津何處不通津

走筆示永叔

謂他年與江南此夜歸梅花春後步
霜信日邊辭一鳥深村靜千山舊詩非
招魂才不可聞路夢長迷

青坡集卷之一

青坡劇談

紀異

癸卯冬宗室懷義都正得異鳥於畿甸狀如雌雉而小足如狸猫不能握枝故能飛而不得木棲以閑於恃物君子無有知者甲辰予按嶺南人有語此鳥者曰年前羣飛無慮數千萬蔽天猛飛勢如飄風常下於平田啄麥根而食之有一倭老曰此海中鳥也

義城古聞韶縣也高麗金英憲公之岱嘗有詩於縣樓曰聞韶公館後園深中

有危樓百餘尺香風十里捲珠簾明月一聲飛玉笛烟輕柳影細相連雨霽山光濃欲滴龍荒折臂甲枝郎仍按憑闌色可惜當時膾炙人口縣後為兵火所焚而詩亦亡矣有一按簾到縣索金詩大急邑人無如之何適邑守之女議婚於張宰相之子而以遠他娶女聞之遂發心疾狂言亂語不已忽詠金詩邑人大喜書以呈按簾詩至今懸在壁間甲辰冬余以

恩命出按本道讀公之詩不覺歎想不

撰鄙拙乃題其末曰流傳英憲瓊琚篇輝映高樓數百尺風吹紫陌幾家砧人倚朱闌何處笛溪雲一片檻前飛月露五更衣上滴高車駟馬不須榮任重負微良可惜未光有續貂之誚耳

星隕為石雷震而浮石如刀如斧其雕琢之功固非偶然而成非經於良匠老手不能成豈天地造化之能自然神妙逈出人為者乎孰謂天上而有物自然如此者乎凡天地間自生之物如草木之花非不巧妙也然借陰陽之精為一

時敷榮發華者矣至於金玉土石不借人力則不能成巧吾於畱斧雷劍竟莫知其所以然者以俟夫博物君子

奇觀

朴淵瀑布天下之壯觀也在天磨聖居兩山之間石中有淵圓可五六十尺深無底中有石島可坐十餘人世傳高麗王遊此地有龍攄石島王怒笞龍故水至今有滯血色淵下復有老嫗潭亦深不測自老嫗潭仰覘瀑布則有匹練如從天穴躍出從石屛直下飛雨暗淡一

洞高可百餘尺雖大雨滌地落葉卷山而無一點塵滓澄瀅可觀亦靈異之大者也余久聞此洞恨無事可假而往者適歲己亥求 齊陵獻官遂詣夙願前後周流八路登智異山俯視寰域然瀑布之狀未有如此洞者也

度量

黃翼成公喜嘗 世宗朝爲首相幾三十年喜怒未嘗一見於言面遇僮僕有恩未嘗加以箠楚所幸侍婢與小奴戲謔甚狎公見輒笑嘗語曰奴僕彼亦天

民豈合虐使之也至爲書以遺子孫嘗獨步園中隣有狂童投石有梨方熟零落滿地公大聲呼侍僮狂生謂呼僮必拿吾輩去也驚懼皆走匿暗中潛聽之侍僮至則曰將柳器來器來則曰將梨以與隣生竟亦無一言李文康公石亨壯元及第直拜正言投謁於公公出綱目通鑑一帙命文康書題目俄而有一惡婢持小饌倚公坐俯覗文康仍謂公曰將進酒公徐曰姑安之婢更倚立良久厲聲曰何遲遲也公笑曰進之旣進

之則有小童數輩皆藍縷跣足或挽公
鬚或踏公衣盡攫其饌而食之且毆公
公曰痛矣痛矣小童者皆奴婢之兒也
柳政丞寬清貧構第於興仁門外不過
數間外無牆垣大雨則遍皆漏手雨傘
終夜曰無雨傘家何以為之對賓設酌
必以濁醪一瓦盆置於階上一老婢以
一沙鍾進酒各飲數鍾而罷雖貴為政
丞無怠於教訓諸生有來聽講者不問
其為甚子弟必諄諄教之故門下學徒
甚盛每時享前一日謝諸生遣之及行

祭則召諸生飮福以盞豆一小盤相傳
以為佐酒仍以瓦盃獨酌先飮一甌以
次傳於席上一再遍 太宗知公請貧
如此命繕工監夜半設杷子於公第下
令公知之又 御膳之賜不絶

謂醬

金公亮一目眇而性躁急人有言其眇
目者輒大怒一時同遊之士嘗戲謔詰
笑而至於半隻盲瞎等語皆相戒不敢
輕發鄭弘文徽謂金曰人須有度量公
何聽人詆誏之言而輒怒恐人以公為

賢而文度量金曰惡是何言也吾何怒若
是鄭曰吾今罵公公能不怒乎曰何怒之
有眞能不怒乎曰有如天日然後鄭大聲
詬罵曰此盲漢汝是半體不成一人汝亦
人乎不死何爲金不勝憨憤怒色勃勃
然業已不怒相許未敢出一聲枝梧他日
詼諧問蔡耆之孫謂金曰公目有藥可治
第公不知耳金心雖厭惡而亦以可治之
言自幸於萬一與遽曰第言之蔡曰甚善
甚善金又曰第言之蔡曰方飲酒大醉用
利刀割取目中病眸子以一歲兒狗眼睛

急援之血未冷而肉合能視金頰然之首背者毋蔡乃大言曰然則甚善但見人遺矣則皆爲膏粱盛饌是不可不知也滿坐絶倒

畫手崔涇年七十餘眼明而能畫嘗貌 德宗大王眞 上悲慕遇涇有殊恩至欲除堂上職以言官駁啓竟寢涇爲人浮浪謂一時門閥宰樞皆其切族上黨府院君韓公明澮再爲國舅勳閥益赫涇言必曰上黨兄故朝士之求畫者稱涇爲族長涇必大書從之

舊制圖畫官二員皆士人為之 上特
命涇為別提一日有畫員宋繼殷者聞
涇已坐署恐以晩仕從責思所以免責
之術而不得至欲移告彷徨間適逢禮
曹正郎崔璡於路上叙謁崔曰崔別提好
在不繼殷私心大喜憑此措辭可以免
責遂仕進涇果大怒曰汝何晩仕繼殷
曰路逢崔璡正郎問崔別提尊叔好在
不涇喜形於色曰這漢是吾從姪也乃
問安耳竟一不責
廣州有老人年八十餘自言平生未嘗

見異事有二事至甚奇怪噂有一人嘗
識假面一月其家有疑病巫云木假面
爲祟即投之於田野病氣果瘥數月家
有一人適過田中向之所棄假面半已
腐毁而真菌滿生取而烹之一人先食
則輒嬉笑起舞有似病狂皆以爲偶耳
不甚怪之從後食之者皆嬉笑起舞如
前人少頃乃止問之則曰初食也自然
發興欲罷不能乃爾又有人病死於海
須臾目睽內腐全體皆化爲螻蝗入海則
一一又化爲小魚游泳而去老人所目

觀此甚奇性事也
歲甲辰寧海有火熾於地中烟氣上出
方數百步熱如温突破而視之火焰延
熾沙石皆爛所爛之石其色如炭蓋野
火自穴中而入延燒於沙石抑其沙石
自然出火是未可知也取其石投火則
火燃而生烟蓋其石炭無疑矣不然其
旱暵之徵乎乙巳之旱川竭而樹枯嶺
表爲尤甚
有一村氓性暴悪怒則必毆其母一日母被毆
大呼曰天乎何不殺此毆母奴其人腰

鑣徐步就田與傍人共狀牟是日也天
極清明忽一點黑雲起於中天須臾晦
瞑雷雨大作里人共見田中霹靂亂加
若有人手鑣以拒之俄而雨霽其人已
碎矣天聰明有如是夫吁可畏也

尉馬懷川君之赴京也同知曹稻欲以
大護軍從焉君載西京妓以自隨臨鴨
綠江泫然流涕有枻一人從君而行亦
泣曹以足踢枻隨江曰君愛妓妓念君
相與泣涕固其所也汝何為而亦泣也
君及聞之責曹曰護軍何不思之甚也

吾以上有 殿下下有翁主臨洮異士
能不戀戀所以泣耳豈有念妓之理乎
曹曰若然者此哭小緩何不泣於都門
而必泣於此也君収涕而謝之
集賢殿盛時恩數甚隆國有大事時賜
饋問 御膳絡繹賞賜無筭有日三接
之寵時人望之如神仙時金文敬公禮
蒙於儕輩中年最長酸物適至金於衆
中攘臂取之李提學塏口吟曰童心未
免而無意金應聲對曰膂力方剛者好
酸一時服其敏捷諺云老而無意謠者

好酸二公盖使此李文康公曰凡人之貧富貴賤死生榮辱有非人爲固不可苟至於名諡亦其天定明非偶然吾夢金中樞禮蒙遠征騶騎塡街有人手一物先行書曰文敬公覺而甚恠之亦不與金言之後一年金卒余執紼於都門外見其諡曰文敬公與所夢相符以此知雖微細之事亦莫非天所定也

權宰相弘位極年高日以放情丘壑爲事嘗一夜夢一老翁俯伏泣訴曰洪宰相將殲吾族願相公救之權曰余何以

救之老翁曰洪宰相必欲與相公同行
苟相公辭之洪公亦不行是再生之恩也
旣而有叩門聲驚覺問之則曰洪令公
今日欲燒龜於箭串請相公同之以此
来耳權以為夢中老翁必鱉也辭以疾
後聞之洪亦輟行矣
吉昌府院君權翼平公與韓上黨府院
君為布衣交有忘形之分權有小婢名
鍾年僅二八姿容絕美性復慧黠公心
中念之畏夫人不敢有為謀於上黨上
黨曰然則不如偽為傷心病以恐動之

也權如其言稱病出寓人家韓夜半潛持槐花湯以遺之令權滿身塗之作黃疸狀後數日韓如權所問疾適鍾母亦來乃夫人乳母也韓入見權出而泣謂鍾母曰吾友已矣夫鍾母亦泣韓曰吾知所以已病之藥但未敢言耳鍾母曰苟吾主得生何藥之不可施也韓曰此病無他以念鍾而不得親有此勞證脉微氣弱朝夕當絶毋何憂一女子不以告夫人以活乃主之命乎復揮涕太息因曰不須同寢只可使之相見是解心

中結滯耳毋嘿然良久曰事勢至此爲之奈何遂告於夫人相與定議擇吉送鍾於權所其日韓又勉之曰大事無成不可草草萬一蹉跎後悔何及權曰諾明日韓更往焉則權曰大事已成相與噱笑甚讙兩公協策成靖難佐翼之功爲中興第一元勳余久聞此事一日與叔度同詣上黨宅談話間公自言其首末如此

趙司藝須流落關東餘三十年因大肆力於問學無書不讀頗有能詩聲

宗甚重之安平大君遣李太白集趙以
手撫腹固拒不受則此中有太白全集
一日 上使承傳內官賫簇子一雙求
詩於趙趙方授弟子學內官以 上命
進謁趙不為禮目憑几呂使前曰何為
來也內官曰 上有命求詩於先生因
出簇子以呈之趙但首肯而已講問不
輟內官告辭曰他日題詩來當取去趙
曰即當題上何待他日奮筆一揮辭旨
兼美且吟且卷曰老子書法正似乳
虎兒曰大笑以還於內官其坦率如此

星州有數人乘夜釣魚於江上黑月中若有臨岸而窺伺者皇駭俛伏不敢出聲既而有物墮水水為之蕩漾驚不敢留皆棄釣具而還家明日復往視之則岸上有虎跡交加又有一大魚浮出於江濱剖其腹有小虎在焉盖其虎欲搏人而誤墮水遂為魚吞魚吞毒物而亦斃也其人身脫惡獸之禍而既得大魚又得小虎可謂收漁人之功而又倍焉者也

洪仁山府院君性勤儉雖貴為首相而

種蔬殖貨無不致意其視去織撥桑不無可愧而比之玩歲愒日為有愈焉嘗路遇二小民圍碁公駐馬問之曰為此有何事衣出於此乎食出於此乎如汝小人當日夜勤勞以食其力而為此無益之戲何也必比為可食故也叱仝食碁子

完山李石丁善射終日射候無一不中世宗聞之俾於後苑張候射之亦終日而一失落地綾城具文老身長八九尺面有黑子大如手掌為人壯健能弓馬

喜射虎 世祖嘗幸於東郊文老爲虎所逐幾遇害 上使人呼謂之曰向樹木間文老跳騰於木上虎逐馬不及乃蹲於巖石間 上召文老慰之曰汝雖才其謀不如我向使不入樹間其能免乎文老頓首謝 上命駕還宮文老因進曰臣請射虎從駕 上賜弓矢與馬文老策馬向虎一矢立斃 上大喜扈駕之人無不嘖嘖稱歎庚辰出征手殺虜甚衆虜人相戒避黑面將軍

人之聰明有卓越者倪學士謙嘗奉使

本國申文忠公嘗送別詩百韻以呈之倪公一覽輒卷以置於案上卽步韻和之無一韻顚倒鄭判書招嘗到一水營點軍百餘人其後不用軍目而呼名復點無一人失次揚州趙生年十五六初見制策試入家承傳寫不誤還家誦而書之亦無一字落

河政丞演按節嶺南南政丞智佐幕甚相得河僑爲南所章晉山妓書以寄於南曰妾比來有胎氣思喫酸物甚日適封進酸物河謂南曰酸物封餘甚多亡

乃有族親可送處乎南曰某有從姑在
河命禮吏唯亞使所用復爲南答妓書
并醎以致於晉妓南皆不知也行到晉
山妓寢中謝南以惠醎厚意南亦慰妓
有身求醎之意各閱所寄書驗之皆偽
然後知河所爲也一日河坐矗石樓謂
南曰吾州之山川形勝自以爲甲於東
方南曰形勝則然矣只有好事品官耳
後河以右議政陞左議政南以判院事
爲右議政肅拜之後首造河宅河迎入
及戶顧謂南曰首領官老監司萬一蹉

一足不可說也

河浩亭崙爲人有經濟大略不拘小節嘗屬拪縈川郡張帳於聽事上令衆妓奏樂於其內而列羣昏於帳外左酬右答剖決如流而未免有青樓之誚適議擬景僚吏必欲置公於下按使金公奏曰不然河某非常人物他日吾輩之命皆懸於其手不可輕處之也僚吏固請公曰寧能屈其於一廢而使不復伸乎竟不許後河以定社元勳位極人臣言聽計行有當國之權金公適以重累逮

繫禁府幾不免金使人謂其妻曰路詣
河公但道曰金某之妻庶有生理耳妻
如其言河果憐傷不已獄竟無事河有
詩至今留在縈之壁上而擢花山犂及
諸賢多以此題詠於其後
有宰相姓李子壻獻壽婦家小婢子夜
半大呌曰有賊有賊皆大驚跡賊不得
婢曰月光所照似是服草緑衣人也夫
人大疑乃翁嫚罵之曰賊無蹤跡婢所
言如是老賊常服草緑帖裡必欲私諸
往之也公曰壻郎亦着草緑衣女亦罵

夫曰夜半何以潛出盜婢壻曰非我也
翁也公及聞之叱曰小賊自行而何以
歸罪於老物也舅壻相推而竟不辨
兼司僕朴孝恭公州小民也以能騙馬
位至衛將有士族寡婦家嫁女係達城
以族賓與焉及昏壻郞拜畢引入如禮
賓客各散路上達城之從人相與嗤笑
曰今日壻郞乃朴孝恭也方拜時達城
心疑其朴孝恭而必其貌相似若也亦
不致詰及聞其語乃大驚曰何謂也皆
曰今日壻郞乃朴孝恭也達城拔馬還

就其家則朴已脫衣倚枕但燭未出耳問曰今日婿郎誰也曰忠義衛閔慕也達城曰然則今之入內者乃兼司僕孙孝恭也相與大駭詰其所以則兩家同日娶妻而女家誤迎矣夜深無馬兩郎皆徒步各還於妻家

余按忠清也從事則叔度以軍資監正點馬湖南相遇於公州有妓燕〻州之名花也州以燕〻備寢於叔度夜就帳裏亦度先卧促燕解衣燕亦解衣而卧方欲講歡而燕輒不肯曰明日果笑不

可說也叔度曰何謂也燕曰本以幼艾
擇侍客寢使相欲笑容以予老妓換之
今日同宿在妾為天幸甚奈明日滿堂
譏笑何所以不肖耳叔度遂却妓遽索
冠帶而起鷄鳴就余臥內促余起之揖
與挑燈引欲叔度於火光中目燕謂之
曰此妓名為誰行首妓曰昨夜侍寢燕
燕兒叔度曰非也不肖不肖又謂燕曰
汝真吾妓乎燕曰然云則又曰不肖不
肖余甚怪而詰之然後知叔度為燕所
欺如此耳叔度每以權略自負寧欺人

不爲人欺而顧乃受欺於一兒女失云
雨之歡亦可笑也
俗稱同菜者並葉似當歸香冽可食有
破軍菜者似之成時佐家奴六人曰車
往永興適使相全義君李判書德良出
獵遇之皆跪謁叙所以入来之由李戒
以當暝可於府治来見李還府有一人
謁於庭下其是成俊令公宅之奴也朝
日共謁於路上退而喫飯有一菜芳嫩
可食一行皆食而奴以居末獨不淂食
旣食之後一時皆絶請使相救之李大

鶩送醫藥治之竟無效盖所食者破軍
菜也故知命者雖同菜亦不食惡其相
似也
有僧藍縷修行身苟有衣必遇寒者而
脫與之性醇厚無曲節人無貴賤皆汝
之號慈悲首座每於官府寺社有所荅
入必乞代受嘗寓圓覺寺適寺有大佛
事一時宗宰咸會悲擁膝蹲坐謂仁山
府院君洪允成汝今貴矣洪以為無禮
奮拳毆之悲哭曰洪允成毋毆我痛矣
痛矣後予以大司成從延城府院君李

與諸相乘問少慈寺池之上慈曰李曰面熟而名忘矣久之乃曰李石亨氏也寺僧皆曰慈悲天性如此幸勿怪也吏曹判書許誠為人强項人不敢干以私一應銓注必於人之所不欲盖惡人之奔競也有一僧少與公有方外分求往釋王寺而恐公之不聽也則紿曰萬一處我於釋王則非所欲也無已則其永明乎他日造化有釋王闕公怒叱曰老僧不欲釋王欲何寺乎乃擬之余掌成均試有一叅試官讀一擧子卷稱賞

不已余惡其有私也固置之下第參官
徐曰惜此字大有鐵城氣骨而不得也
後乃聞之乃吾從姪珖也有一卷所書
伏奉國試四字余之手筆乃兒用李節
前此請余書者也余以嫌故嘿不可否
參官讀竟請第第余從參官言竟落第
珖以疑私節以嫌故皆不得預其事有
類於擇王亦可笑也
珖易齋姜公碩德性高亢一擧不中退
歎曰男兒生世固當磊落安用擧業以
爭技於白日之下爲平生進取之謀乎

竟不復果綾原君具公文信才藝絶倫
亦二學武業有以該事辱公者公大恥
之曰何必科名足以立身即日棄去
世祖製印地儀歌以紀之其法鑄銅為
器列二十四位盡其中立銅柱橫貫孔
銅衡於其上而低昂以窺之謂之窺衡
方印地也泛靈龜正四方欲知午初一刻
其標遠近先於卯初一刻或酉初一刻
立標以窺之更於卯酉立標處依前法
正四方以正午初一刻之標為基位基
刻然後自明堂以繩量前卯初一刻標

一千一百尺則三之千正一列標為三
千三百矣以正二十四位橫斜曲直皆
以是正之而無不然者 上嘗召臣及
臣金紐臣希孟等講論此法俾於後覓
試之無不脗合即 命量英陵四山其
後又命印京城形勢率用此法然京城
閭閻櫛比無量可施則不得已參用臣
等愚見一城之內凡有標之地皆用是
以正之以至遠近高低大小平險亦謄
寫於紙地而列二十四位於其中乃於
地上量最近一處而縮之為小尺不復

量地而仍以此尺量紙上畫處則嘗不
煩步量而山河大地城郭室廬舉不過
於本處而遠近高低自然無絲髮之差
有同印字之分明圖成上之留中不下
窺衡今在觀象監
戶曹正郎金須命禮曹正郎朴安性相
與友善禮曹清而戶曹富朴每有求於
金以本曹供饋之資一日朴使又至金
乃叱曰無物可給何不取吾腎囊而喫
之也使歸告朴時越川君金吉通為禮曹
亞判乃金之父也朴於是乃使報金曰

所恵胥褒欲以進堂 上可悉送也余不
敢出一言俯首而已
人言家之千地有鵲來巢主人得爵諺
傳 太宗有故人困不得志伺 上行
幸使奴爲鵲巢於吉地 上果使人問
曰何爲而如此對曰家南有鵲巢當得
爵祿吾主久不得官故爲之耳 上憐
之命除官云余少時有鵲巢於家北余
與羣兒斫其木枝全巢墮地有雛方黃
吻心傷其死也且以南是福地將巢掛
之于家南槐樹上雛皆長大飛去其冬

先君以軍器錄事吝請難功超三級授
奉禮郎後構别第於青坡家正南向有
鵲巢于棗樹正午地也有女僕毁爲薪
明年復巢於其樹是
睿宗即位之明年己丑也余以司誨超
拜掌令歲辛卯春鵲來巢於府之南庭
樹上余笑曰鵲巢有靈自古言之某亦
嘗驗府中當共定[illegible]無疑有一臺長曰
此巢稍近東似爲執義也執義柳輕畀
拜承旨久之鵲無故毁其巢更構於正
南是年夏上以某等能稱職下敎褒

美皆加一資金與孰義孫舜孝陛堂上甲辰春有鵲復巢於家南棗樹不巢者凡十四年而復巢鄭二相佸景會以詩戲而賀之夏畀腰金出按嶺南以此觀之人言亦不虛也

中原尉謂嘗遊関西大洞江上逢一女騎牛而去年可四十猶有姸姿温戲之曰汝非常人何以騎牛女曰妾故西京妓女少年傷足所以騎牛也温大被邀與共坐於江岸而飲之問其傷足之由且視之則兩足皆無指有似被刑者温

怪問之曰何以如此女曰妾必也稍有
才貌前後薦枕於賓客多矣未嘗一徹
於大同察訪歲不記有新大同先聲其
姓姜妾自是每念今姜之未嘗不失也會
府官餞客於舟中妓百餘人盛飾奏樂
酒平遙望江之東岸有騎塵遠問之則
乃新大同也妾於是瞻摧於中顏變於
外且俛且起視之則短體紫髯雖無動
人之風彩而妾以久屬意之故目不能
頃刻不注於彼也既就坐酒數行而大
同次當行酒少尹尹處恭顧妾曰客行

酒可進盞也妾不覺顛倒挺身而起步
尹曰異哉妓也酒罷主客皆入城妾尾
大同後疾走身輕若飛旣到下處則姜
竟夜堅睡不問一言明日如是又明日
如是妾私心忌甚姿貌不副容意懟恨
不寐者亦三夜其明日乃召妾私之自
此食不知味者一兩月適姜以母病如
京而兩界都體察使皇甫公仁又至府
官以妾備薦枕之數公悅妾有加於姜
而妾為姜之心天日有臨雖黽勉侍公
而實不服也然以官威從公而行旣過

關西復入東北界一日公登慶興之丘陵以望野人地悽然謂妾曰滿目皆虜地家山在何處萬一老子不幸與汝永訣汝何以為心妾以念姜之故不覺勃然曰縱使如此非妾之罪也公嬉笑無言自是不復與言及還本界府官已聞此事更選他妓馳驛送之公亦不與接一方驚愕皆以妾為無福也及公之還京也監司與府官大餞於江舟公竟席而無喜色臨分指妾謂少尹曰今還君妓乃馱他妓而去少尹大慙怒杖妾無

數足指盡落一年臥床遂為病人妻之有此病凡以變妻之故也其後少尹判官相繼貶黜大同察訪亦革罷當其時一妻念夫之心其禍遂至於如此該然流涕朴溫云

許政丞稠守法剛正人不敢干以私每遇父母忌必服母夫人手縫幼年所衣碧色小圓領流涕以致齋子弟有過必告祠堂而撻之有子二人長曰詡登達次曰訥亦達官適大旱訥抗言城中多溷廁穢氣上干致有乾旱請五家為一

厠又臨井取水偶見碧苔蜿蜑隨波移動取以獻于政院曰龍也公曰謅告祠堂撻訥五家為一厠欲使其妻朝暮如他家之厠爭以沓為龍而獻之又何意也公兄周以判漢城府事致仕公每政府合坐雞鳴而必詣之詣必屏趨從于洞口下車步入判府亦知公必至每夜正衣冠張燈設坐身倚床以待公之至至必設小酌公徐問曰今日府中有某事何以處之判府曰以某之意理當如此公喜而退曰人樂有賢父兄此之謂

也
鄭家贄甲孫魁偉美鬚髯性不喜治產坐卧絅席晏如也然客至不問有無必設酌遇親戚無内外嘗為承旨毋夫人有所求而請書公固辭之夫人怒以告於判書(即公父欽之也)判書笑曰夫人毋怒縱褒諱之我獨不可為乎其為大司憲也振起頹綱如僧尼左道惑世之流不得擅出入京城屢以直言犯上朝中肅然時河政丞演兼判吏曹崔寧相府為正判一日朝啓啓畢臺諫以上以次出公

進曰河濵崔府尹退因擬陳政事之失
濵興府脩伏流汗不敢出一言退而見
河崔談笑自如無幾微辭色時論偉之
昌寧成侃和仲少以文章鳴有眞逸集
傳於世為人貌不揚集賢殿有燕會必
邀和仲為坐客由是士林謂貌醜者為
坐客其弟俔磬叔貌似乃兄而亦有文
韓山李二相坡平仲自以風彩當世茅
一而面上有鬚有戲公者比之尹吉生
中樞李甚病之蓋尹貌險而多鬚髯故
也吾家有燕集洪政丞益城及李公成

公與諸宰相盛會時成爲司饔院正李胄成朗吟曰有客有客成饔正諸公不解其意乎仲自釋之曰有客之客坐客之客也成立對曰于偲于偲尹吉生滿坐無不失聲絶倒時玄四宰碩圭貌陋嘗以議政府舍人詣一大相宅婦人自窓隙闚窺而笑之成以翰林亦進其宅婦人不覺失聲曰前日舍人雖陋而猶人今之翰林不似人形安得而不笑世祖嘗策士見成笑曰汝雖才貌甚陋他職則可承旨地近必不可也至今謂

成為 御覽坐客
余廿年落魄南州有晉州妓勝莪苒臨
岐謂余曰客今上京何時復来當作何
官来河東縣監甚佳然有家眷不如萬
戸之為便也余曰此去當按節来豈碌
碌為萬戸守令乎毋忽稱卒腹痛余出
囊中藥将與毋服之毋笑曰癡哉客妾
以客按節之語不滿人意故以為痛腹
妾出藥以與之癡哉客便大笑是年春
世祖幸温陽策士余擢第一拜成均直
講七年而以成均大司成復遊晉州又

十一年而按節當道冊尚無恙士林多
以此題詠以後其行詩多不錄
人言有益姓大相每夜伺其夫人入廳
輒潛就婢處一日夫人陽聽而鼻息公
乃脫身而出夫人潛起尾其後則公入
一婢房婢罵曰如節餅夫人置之何處
而乃尋陋婢乎公曰以汝爲山芥沉菜
可乎旣而出坐於階石上以吟其詩後
入夫人所曰腹痛腹痛移時踞廁臂亦
吟也夫人曰如此腹痛何不節食山芥
沉菜也公不覺失聲曰休休夫人壼矣

又一夜大雷雨公復伺夫人睡出就廁間
覔大甑戴之徃入婢房夫人知之密手
捧健於門隙公還而纔入門限夫人以
捧急擊其頭上之甑而雷電又作公驚
仆地良久入謂夫人曰吾家有富徵可喜
也夫人何謂也公曰人言遭小霹靂者
家必富吾適如廁遭此小霹靂豈非富
徵乎夫人笑公亦笑

陽川君許某狀貌魁偉風彩嶷然一時
推為大人君子自少博學能文至於天文律
曆醫卜之技無不精通而又能弓馬國有大

事必以公為元帥然不語家産所居僅蔽風
日歎如也少年與友讀書于一處有賊偸公
衣鞋而去明日而當各歸其第朝食公謂友
曰君則往矣丈岳以吾歇後尋常大責之今
失衣鞋豈可往乎友出戶則公卧而朗吟曰
旣吾衣之偸去兮又胡為乎盜鞋旣偸衣
又盜鞋兮竊為盜先生不取也
昌寧成侃和仲少以文章鳴然為人歇後
為集賢殿修撰有白事於大提學聞大提
學坐義禁府直入請謁旣行禮而復入跪
則皆本府堂上也成仰視之慙赧蒼黃而

退溪坐爲之劇笑時謂成修撰請謁
商山黃孝源爲義禁府堂上時方有詔
父子事有一郞官跪白此事黃曰郞官
或知之矣此正諱之子也郞官曰此正
黃孝源之子也黃笑曰老夫無子今得
子可喜也郞官惶恐伏地不敢仰視
宗室永順君好學而謹愼且有度量昵
侍 大內十餘年無間言 世祖嘗曰
永順君精通筭一也 一日曲宴於 內
殿雜奏妓樂君問注書盧眕曰今日當
直承旨爲誰蓋將以啓 上也眕於衆

妓中見笑千金有才貌心中記之忽對曰笑千金也君不覺失聲

世祖大王嘗幸西部中路望見一兵簷竹曰取夢甚旗隸眞奇村也 命以爲笛其聲絕妙昔蔡伯喈避難江南仰睇柯亭之椽竹取以爲笛歷代傳寶之其事蓋有同焉而伯喈之近睇又不如聖祖之遠見也

有姓閔朝士秉性周密每出必賣貨物嘗以司僕官扈駕閔東同僚使一徒人詐稱軍士牽瘦馬過閔而求賣之價極賤

閔大喜傾其所賫又脫鞍解衣以買之
閔愛其馬別養之旬日而肥壯適見賣
馬之人多於眼前䏰事怪而問之乃本
寺徒人而所賣之馬即內廐所立者也
尋其衣靴則其人已穿着而不可復用
尋其馬貸則已爲同僚酒食之費之亦
曾共而不自知也
駙馬河城府院君有奴富居楊州生女
曰某絶有姿色士人安掄見而悅之聘
以爲妾君聞之怒曰安有婢子而擅嫁
士人拏致本宅欲與小奴爲妻某伺知

之憂憤不知所爲挺身踰垣以造於掄
且泣且言誓以必死掄歐款不自勝而
亦未如之何也已數日君使人又拿而
去由是絶無影響一日某潛入房中自
縊而絶後掄秉昏自成均館獨行踰廣
孝殿後嶺還家時適初秋山月半吐萬
籟欲寂行人遂絶掄方悼念其悲憤嘯
詠微有履聲出於松間審視之則乃某
也掄久知其死明是鬼假然以篤念之
故不復致疑就執其手曰何以至此也
曰忽不見掄失聲慟哭由是病起於傷

心食不得下咽數歲歿金參判紐子固
吾同年友而與掄爲中表兄弟每謂余
言此事柳斯文孝章亦掄之姊壻也亦
言此事而傷歎之夫守節而至於隕命
雖士族婦女生長於禮法之門有所難
能而此女以婢僕之賤初不知禮義貞
信之爲何物而只以區區爲夫之心從
一不他至於殞身而無辱雖古之烈女
何以加之
崔政丞閏德丁母憂匹馬單奴下南路
由開寧有二三守令張幕縱飮於川上

相與言曰彼有服喪者騎馬而去此必近縣村民也而敢向守令無禮至此不可不大懲也使人捽其奴而去問汝主爲誰曰崔古佛也其名爲誰又曰崔古佛也皆怒曰汝主犯馬已爲有罪汝復匿名奴主同惡遂毆其頂奴徐曰崔古佛名閏德令歸昌原田庄也皆大驚惧即撤幕罷飲相與馳謁於宿所以謝其罪俗謂老人古佛子之稱父亦然

驪興閔其爲咸興多權術同時有德源府使每上供斥脯不中程法多黜退於

監司德源甚患之吏有獻策曰監司每
稱咸興行脯盡就而求其法德源然之
使解事老吏加幣以求法於咸興閔召
其吏坐之前饋以酒且謂之曰此甚易
耳設府有棗樹乎曰有閔曰擇多子棗
一大樹而所取之用大本中心以為槌
細劃生鹿肉盛之布袱投沸湯而半熟
之便納於脯板中以棗槌堅搗之有味
而堅正棗貴多子以多子者尤堅韌故
也德源人依其言而造之雖槩以萬槌
肉終碎而不合監司之責文曰至舉府

病之更問於閔〻笑曰汝法甚誤孰謂熟肉而能合之也閔以德源有一棗樹多子而特大主人甚惜之故以此誑之也

古者左佩金燧右佩木燧晴則用金燧以取火陰則用木燧取火後世雖廢不佩而所以取火則猶古也然不知用金擊石取火之爲便也無貴賤皆用之尤切於行軍謂之火金

商陸一名章柳根又曰章陸語詛呪有殺家有一奴與羣輩結友來往於平安

一行十餘人就食於一寺俱患誀呪二人死於中途餘人還家相繼而斃奴亦病革朝夕當絕余急之取生商陸根一本搗之和燒酒一兩匙以服之少選氣絕良久復蘇則有赤涎自穀道流出以杖擊破之則有甲小虫出輒飛去其病頓愈旬日復作余以為必餘毒未盡出也欲令復服商陸則奴輒却不食且曰當初服也甘滑無毒久之天地茫〻遂至於絕寧不服而死不欲服而苟生也蓋多服故也更以神授丹和酒服之赤

涎中亦有小虫出自是病遂愈
蓬原府院君鄭首相三十年終始清儉
而年幾九十子佸亦拜亞相父子有名
於當世 上甚禮重之蓬原宅有鬼妖
忽作有小官来見白晝輙脫其帽碎之
而投石不已擧朝大怪之君避寓他家
燒殺鬼丸以禳之其妖遂息至今五六
年而竟無他事君亦强康無恙矣
有金德生者雄武絕人有功於 太宗
朝累官至上將軍金有故人某嘗從金
於戎間最爲金知金歿十餘年矣一日

綦當夜忽驚起大呌曰復寢少選復驚起大呌其妻怪而問之綦曰適見金將軍騎白馬佩弓矢呼余曰今日吾家有賊入吾欲射殺所以來耳既去復來授一矢有血痕示余曰已射賊殺之矣夫妻相與驚怪朝而就金本宅則金有繼室年少以是夜改嫁壻既入而忽痛腹未明遂死云

坡城君宅在興仁門內宅前有大槐樹其壻綦夜經射廳前路見其武士不知其數較射於廳上復有馳馬而弄槍或

擊毬或騎射射廳之前路爲之塞以其無禮縛而毆之求哀不可痛不可忍有一丈夫頎然出於千萬人中怒謂諸人曰此吾主人也何以見窘至此手解其縛扶擁還家旣入門而回顧焉則其人就槐樹下已不見其形矣盖射廳前較射者皆衆鬼而扶還一丈夫亦鬼之托於槐樹者也

高麗文成公以修葺學校興起斯文爲已任延納奴婢於成均館至今相傳敬慕文成子孫入學奴婢曰此吾主也館

官亦待之異於他生然施納之事不載於史策無由知其詳矣有二婢以侍女入內 太宗偶問本貫對以館籍 上曰古人施納予不能然而反棄之耶立命出之

嶺南有萬戶失其名犯軍法 世宗命本道監司斬於倭人見處其妾洪氏伏於夫屍凡三日手續其斷體斂襲如法卜地而葬之守墓三年哀毀骨立觀者爲之悚然昌山府院君成爲監司聞之嗟歎欲 上聞旌賞之以洪乃再嫁女

故停之昌山謂余言此事余曰縱使陂
嫁不亦賢乎比之丈夫其豫讓之流乎
讓也不死於范中行而能死於智伯君
子以抗節致忠許之以其無所爲而爲
善故也然則洪亦無讓於豫讓者矣
廣州舊有官妓中廢而復出出而復廢
者又二十餘年牧使崔雲海後室甚妬
悍一家之人皆其耳目伺崔動靜必報
之一日有黃衣小吏伏於崔案前家人
遥望以爲妓也奔報於其妻其妻大怒
隱於門隙撫劒以伺之崔日暮投衙及

門而心動便回其妻奮劒斫斷其衣裾
崔大驚遂還客館其妻愈怒曰恨不手
斬老賊頭也乃牽入其夫所愛大馬斬
之數日而崔度其妻怒解徐就衙中薄
錄器物為行計妻曰何以如此崔紿曰
疇昔之事已聞於朝庭某今已遆故所
以治行耳行涉廣津如京其妻獨立江
上而不得渡曰此夫妻不復相見矣

越川君金吉通為吏曹正郎判中樞院
事魚孝瞻為集賢校理時有一朝士設
遂以邀吏郎魚不知究就其第暫設小

酌而盃盤草草無下筯之物既而金至主人遽催進饌具如獐肝等味極爲美鮮魚羹動寬緩語不輕發鄙甚爲人執筯攝肝徐曰吾亦喫吏曹肝也又有一求官者邀吏郎設酌郎大醉嘔吐主人跪白曰小人以敬客之故艱備小酌客纔飲而輒吐小心竊以爲未安幸勿吐恭請王宮有一官官忘其名歲不記二月暮偶入園中有二三徒人於積芻傍拾杞子喫之就而視之則杞面大紅真九十月間霜杞也破積芻得杞子數百

箇進于 王王大喜卽薦 文昭殿又
送于 太宗所曰幸得仙桃敢獻左右
太宗得桃大喜命進 文昭殿則 上
王已薦故不果解 御衣賜進桃宦官
卽 命有司戒嚴幸 上王宮盛仙桃
壘尊所共玩大宴終夕極歡而罷及秋
甚桃方肥 上王命左右設積芻於其
上至明年春又啓之則桃皆腐損終不
如其桃之肥美也
孝寧大君設法會於山寺邀讓寧大君
同往讓寧使僮僕十餘人臂鷹牽犬鞍

環之聲響應谿洞既至寺則係鷹子佛
坐之側剥雜而曉之大歛於寺中經訖
無忌孝寧甚不肯変色言曰兄何無禮
於天尊乎將隶謟福可不畏欲讓寧大
笑曰生為王兄一國尊之死為佛兄十
方奉之生死有福吾又何畏孝寧嘿然
崔貞烈公聞德以二相兼平安道都節制
使判安州牧事公務之暇治廳後隙地
種瓜手自鋤之有訴訟者不知是公乃
問曰相公今在何所公給曰在某所入
而改服聽決焉有一村婦泣而曰虎殺

妻夫公曰吾為汝報仇跡虎手射之剖其腹取其骨肉支節裹以衣服備棺埋之其婦感泣不已一州之人至今慕之如父母

有禮曹堂上嘗私京妓謂郎廳曰禮曹官吏私京妓於物議何如郎廳又私京妓者也答曰比之外方禮曹堂上如監司郎廳如首領官監司與首領官自有薦枕妓有何物議獨慣習都監官吏如守令不可得私之也堂上曰善

有柳姓老朝官知林川郡嬖一妓嘗召

入衙中不出大幸之成宰相時爲本道水使聞柳所爲心欲奪之直向林川纔入東軒首問其妓皆對以病染垂死公強出之至用刑杖以威之吏不勝其苦就衙叩哀柳不得已出之妓蓬首垢面藍縷赤脚以謁於成成召入房中勅老妓洗其面理其髮改其衣則姿容冠於諸妓即便幸之馱載還營柳不意被奪計無所出使急唱呼於中路曰某某汝母死矣成謂妓曰汝母死矣盍歸乎妓笑曰妾母不死矣他日妓從容謂成曰

妾雖在衙中非其本心每朝官入郡心中驚惑日復一日幸今結緣於相國免刑杖之痛眞再生之恩也

孟政丞思誠嘗持服南行路上遇雨步憩院樓有士人黃義軒先在樓上兩手背負方讀板上題詠吟玩良久旁若無人顧謂公曰叟豈知此味乎公陽若發敬起對曰無知村翁安能知之且問此何意也黃曰此乃先賢遇目觸興摸寫江山勝槩蓋詩中之畫也公曰然則甚善然非先生豈得聞此事也少選駄

載紛集僮僕群至供帳物件前後絡繹
黃始怪而問之乃知老叟是孟政丞不
覺俯伏公笑曰人無貴賤以志爲上生
有傲物之心殆非凡士何前踞而後卑
也引與共坐慰藉而遺之
慶士成號壽眉叟與弟弘文校理號牟
仁叟文雅齊名兄弟姊妹凡十餘人父
母死三年之喪畢會兄弟而分財眉叟
見物之有色者則曰與其奴之有實者
則曰給某某破碎罷劣者則曰此父母
之意也我甚爲之以妹李廷堅之妻無

家又欲以本宅與之諸弟固諫曰父母家舍當傳之長子胃叟曰均是父母之子我不可獨有家也即出所有綿布為庭堅買家之資仁叟亦出家財助之二兄同心甚逮少諸弟以次婚嫁一門之內人無間言

俞先生孝通有子娶於皇甫政丞仁世俗娶妻其豪富者必以珍寶盛之函擔以先導為禮物多者至於三四函俞子亦以二函為禮皇甫氏從函入對客開之皆書冊也備坐愕然後皇甫氏謂俞

曰婚夕之盞何用書冊俞曰黄金滿籯不如教子一經婚夕之盞何以不用書冊乎

目圓而瑩故能鑑物耳虛而通故能受聲鼻直而開故能聞臭口横而缺故能出納氣與息又有舌為之簧而有聲音言語四者各有所司而兼之者口也然其所以能辨別善惡者心也苟無心焉雖有目孰得而鑑物雖有耳孰得而受聲雖有鼻孰得而聞臭雖有口孰得而出納故曰心不在焉視而不見聽而不

聞
妓女紫洞仙才貌冠絕宗室永川君酷
嬖之君嘗寵青郊月既而移愛於洞仙
適往松都都中有青郊驛紫霞洞徐達
城以詩贈行曰青郊楊柳傷心碧紫洞
烟霞滿意濃君大喜嘗於衆中誦此詩
以自誇張翰林寧奉使本國每宴必目
洞仙曰真傾城姿也後金天使湜遊於
濟川亭紅妓滿前問曰張翰林嘗稱賞
國紫洞仙誰也禮官誣指他妓金曰非
也果此人張公必不稱也禮官不敢隱

遽以馹騎索洞仙於永川募金笑曰此真甚人也

金判院孝誠多辟妾夫人亦嫉妬過甚一日公自外至忽見夫人坐隅有緇染苧布一疋公問曰此緇布將用於何處而在夫人坐側也夫人正色曰以公惑於衆妾視伉儷如仇敵妾決然有出家之意乃染此耳公笑曰僕本好色女妓女醫以至良人賤人絃首針線之婢苟有姿色必皆私之而至於尼僧獨未一近鄉能為尼僧是僕之志也夫人竟無一

言手取緇布投地
金公仲誠爲忠州牧使一州大治嘗構
大樓州吏告曰立柱之後須用鉄釘萬
計今樓朝夕立柱而官無寸鉄豈非欠
事乎公曰姑安之吾已布置矣明日立
柱而州吏又告之公又曰姑安之吾已
布置矣是夜三鼓而公坐廳事點檢人
吏多後至者公皆數以後至之罪贖以
鉄物發使督徵不終日而積鉄如丘垤
公笑曰此亦鉄也可作釘矣以州人喜
訴訟而所訴訟皆無實大惡之常坐於

樓上有牒許者至庭陽若不見其人以竹竿揭牒而麾之公又不欲見大卧樓心竟不聽受日暮而收衆牒焚之州人至今稱爲賢牧云

有馬醫尹仲年所業頗精而治眼尤神妙曰凡馬之受病與人無異所以治者亦同以肝補肝以腎補腎以肺補肺以心補心以脾補脾五藏皆然至於眼獨不然乎吾以眼精治眼精所以百投之而無不愈也燕子常〻飛空呑百虫以爲食肉既消而眼精獨不消吾多取燕

矣涵泳於閒職渾盡蕩而精獨留一日
所得多不過分毫從而研之和樂以授
於病眼則自然有神效矣
宗室任城正有志於藝鼓琴爲當時第
一手 世宗嘗曰任城之琴自有別調
非他人所及也其宅在崇禮門外每日
早朝踞大門閾迭擧左右手以拊膝如
是者三年久不踰其意皆以爲狂蓋學
杖鼓也旣而傍口弄指晝夜不止人有
謁者視而不見如是者三年 蓋學吹笛
也爲人羸弱短於弓馬每歎曰吾雖殘

劣不能射踈及遠然以中爲賢且以觀德亦可學而能也每朝携弓矢上山終日射候者又二年而竟以能射鳴其志可尙也已

趙先生講性峭直嘗爲忠淸賑恤使安循從事官時文義懷仁等五邑守令皆有罪當杖先生以使命入淸州監刑淸州牧使忌甚名故以訟辭逆呈事未決而日已暮決訖先生命吏督刑牧使又進曰五官守令不能賑恤上以得罪於一人下以獲怨於百姓刑杖節次不可

不嚴設以厭民心也請依禁府刑人例公坐大廳爲堂上小人坐中門爲郎官使罪人伏於大門外以次受杖與百姓共之豈非朝廷恤民之意乎先生曰諾既而痛楚之聲徹於內外明日而先生出路遇五官守令皆戴擔床覆以衣衾避於路側先生下馬執手慰藉曰非予憎公事勢至此不得不爾故也盖先生陷於牧公術中而不自覺也後先生從不過司藝而竟以疾罷牧使腰金已登樞府矣先生歎曰吾不知爲彼所賣終

身矣志固其宜也
朴大提學頊亦同人也年四十餘猶落魄不遇嘗以琴棊自隨有子數人亦不勸學務棊過隣舍以痛飮爲事終夜則未嘗不引燈而讀書亦時〃橫笛以自娛也其後登第位至僉知休告還鄉里路經西原以微服請宿於別司時公已白首有薦挽妓頗解皷琴公手彈數曲諸吏無不聚觀者首吏悅公年老而有藝盛饌饋之公恣爲讙謔每有樂器必手矣數三州吏皆曰老翁可人也公手

抽矢房大箭以贈諸吏相與極歡而罷
朝日公使人通名於州官自牧使以下
奔走隸謁諸吏大驚皆還其箭而公亦
竟無一言之及州人至今言之
鄭政丞廷顯以前代言家居掌穀之奴
有與受債人相毆而人死 太祖震怒諭
八道索廷顯甚急公挺身逃出有巨金
者宜山君南誾之寵奴也鄭與巳金相
識既窘無所容則潛入南宅臥巳金寢
中金以手探之則乃男人驚起問之則
不答捋鬚出外審視之則乃廷顯也曰

吾犯殺人罪當大辟無所於歸今此偷
生耳金哀之告於南曰奴有死罪南曰
何謂也金曰柳代言廷顯今在奴田中
求活是奴死罪也南驚曰彼旣殺人當
死許接容隱自有其罪爲之奈何是日
守　闕臣金從焉南啓曰臣金有死罪
當速殺之今殺人廷顯見在臣金所上
顧謂臣金曰何以匿罪人臣金俯伏待
罪具言其事　上卽赦廷顯柳感再生
之恩潛袖黃金一錠以與臣金使獻於
南南大怒責臣金還金戊寅之變南敗

而柳適爲晉州牧使乍金興敗於嶺南徑投晉州見州廳事有乾碧魚積數百同而妓十人過於前金戲謂十妓曰若輩欲食此魚當各贈一同十妓皆笑曰客能各贈一魚頭妾當各償酒一盃相與定約以謁於牧使曰奴是乍金也柳方坐官司治事不覺驚起執其手引與同坐金固辭不敢則設席以坐之水陸羅列盃行無筭酒半而金白曰奴欲用碧魚十同耳往汝所用何止十同也飲罷而金還下處贈十妓各一同十妓皆驚

曰牧伯性吝雖一魚頭尚不濫費何向容若是寬大乎後卿竟拜首相為國重臣而已金亦年踰八十每與人言此事云

南政丞在罷相養閒於墨寺洞本第日以碁局為事有墨寺長老屢造焉相與闘碁而長老陽不勝公大喜既脫其冠又脫其衣至於中路則長老不敢脫褻懇再三然後免日暮而長老還寺則公使婢子二三人持粢豆饌物以遺之由是長老無日不脫衣而所得日增公亦不

知也有閔姓朝官謁焉公亦與之對碁閔臨局爭道不遜至以手杷其頂公不悅曰此客氣豪然得志則得志不得志則不得志也

高麗辛禑李謹妃琳之女也崔寧妃瑩之女也寧妃事跡著在國史而江陵父老至今多言其事禑臨刑寧妃踴身奔救有邑吏手執其衣裾郤之妃大罵曰老奴汝何以手污我乎遂裂衣去其裾觀者無不竦動謹妃老居開城李慕有屏風折一疊侍婢欲改之妃曰先王親折

之不可改也每遇諱忌日必流涕祭之
太祖賜二妃各守信田三百結而謹妃
又加三百結蓋褒之也
許大提學誠每曰貪位慕祿老而彌銳
爲人嗤笑曾不省悟可鄙之甚也以吏曹
判書丁憂終制而拜本職一日忽覽鏡
愀然不樂因投鏡曰吾不知吾老之至
此也辭職不出年六十餘
高靈文忠公新宅在松針橋上予爲掌
令請　閔公先在賓廳談話間謂余曰
吾新第堂北有泉脉試鑿之脉絶無水

有叢石堅確未易施工用鐵器累日用
工復有灰灰盡而有大木橫其中斧破
之則乃插木也木盡而水始清冷其深
殆數十尺未知其理無奈是劫灰乎變
遷谷變變化無窮又安知此地曾不爲
萬丈之壑而有木顛卧因而遷變遂爲
平地者乎盍爲我記之
宋欽守慶源有侍妓朝而曰昨夢有賊
忽至斬令公頭去頃之有韃賊至宋大
以夢爲忌遂閉門不出僚佐諫曰韃賊
孤單擊之必捷安忍坐視其虜掠而不

出救也竟不聽賊遂驅人馬百餘而去
有一卒挺身踰城奮挺大呼奪其所掠
數十人而還事聞 世宗大怒拏宋桀
擢卒爲四品官遂下宋桀府論以軍法
賜死其死也路經青坡崔政丞閏德與
宋有舊備酒果相屬而永訣曰毋傷公
法當死況人生會有一死吾亦朝夕當
從公耳
西原有椒水余爲按使親見之其水自
地中湧沸而出極冷而味苦蚫蛙入輒
死 世宗晩年有眼疾營行宮幸焉因

而洗眼日久頗驗卽拜牧使朴孝誠堂
上官相傳有老圃寢於陌上耳邊隱隱
有軍馬聲起見之則平地有水沸出馳
告於州以此轉聞次賁之則味平無毒
如疥癬之疾浴之輒愈下流灌田數十
頃極膏腴
太宗驛負荷燕居于豐壤宮時有二小
宦相與談天人之理甲則曰富貴窮達
皆出於人君乙則曰不然一資一級皆
天所定雖人主不能有爲於其間各自
以爲是莫敢歸一 上及聞之密書小

簡曰今去小官須加一資以付甲者以
遲於 世宗兩甲者旣辭而出忽患急
腹假乙者以傳明日啓政目於 太宗
乙者加資而甲者則無矣 太宗問知
其所以驚嘆良久
星州戶長李長庚有五子曰兆年億年
萬年千年百年皆登科有名而兆年以
剛直最著其子孫蕃衍仁復仁任大顯
於麗季稷入本朝封功臣位至政丞其孫
正寧又尚主封星原尉有三子皆顯自
餘貂蟬滿朝長庚年老家居每聞淸道

聲輒下床伏地聲絶良久復上甚用心
如此得報於子孫宜矣
先祖杏村公以前侍中退居春川時適
有紅賊之變 玄陵遣内臣起之公方
手鋤治穢於路上内臣不知是公問侍
中宅在何處公謬指他洞徑還具冠帶
出見之遂起爲都元帥公歿 玄陵親
寫其影杏村二字乃 玄陵手法而書
與畫俱絶妙影今在吾家寶藏之
孔宰相俯嘗判禮賓趙政丞後以供饋
不潔將杖之孔曰罪固不辭然豈有宰

相怒於飲食而杖朝官者乎趙笑而止
之趙與孔一時名賢趙不小饒而孔亦
無怨言等級之間甚嚴如此
光陵末年有三太監奉使而來其一曰
金輔本國長湍人也以射魚得幸於
天子驟陞崇班權震朝野時金輔爲迎
接都監郎廳輔一見輔曰不肖人也更
勿近前後輔犯罪父子俱被刑輔腐人
也無足取者亦有知人之明
東萊冬栢亭擅名東國周廻數里皆冬
栢樹即譜所謂山茶花也雪中綠葉紅

蕚盛開東南坑臣浸奇絶無雙奉使大小朝臣無不往觀而賞之我先祖容軒公嘗按嶺南巡到本邑忽一日屛騶騎馬獨出僚吏不敢問所之潛尾其後則公已至冬栢亭吟嘯於樹下夷猶忘返有一老叟佩酒一器來跪曰老人居亭側竊見亭上有客躊躇似是大官敢獻村醪命酌則真吉酒也公喜甚連進數巵又有漁人三兩輩各以所得賚有甲生鰒呈之又有揭水尺把獐兒馳馬而進曰幸得生肉適有貴人在此敢獻請

與班荆地坐以次酬酢有報曰亞使至公遽起迎謂曰若為野老所邀酣樂至此亞使曰縣監亦隸不敢上謁公曰隸如此野次何煩禮數縣監入而珍羞羅列聲樂繼進夜深極歡而罷向之獻酒饌野老皆亞使與縣監所使也公初慮本縣供億之有弊挺身獨歸而遂陷於術中至今父老相傳為盛事云

尹先生耆博極群書年七十餘白首傴僂背高於頭 上嘗庭試百僚予為案試官先生終日飲酒若無意於製述及

暮一揮成篇豪健如新進少年獨恨其
眼暗手顫書字不端表又落數聯竟不
得夢耳金上洛請先生欲授資治綱目
曰只有一冊何以見敎先生曰令公夢
聽之便口誦十餘張不錯一字洪益城
亦邀而問之遂節誦過亦不錯一字有
議之曰人之聰明有限豈有能誦綱目
終帙而不錯一字者乎苟非天生聰明
應有魔耳

高奉常台鼎有友金夢與河東府院君
鄭隔墻焉高尋金距門限呼僮曰某來耶

汝主速出見也僮出曰主方進食姑少
待之高大聲曰汝主亦人乎何以曰進
食必進羹也何客來而不出也少頃有
老夫人自內顚倒而出諦視之則乃河
東府院君也高不覺慚惶俯伏謝罪曰
某以爲友人金茅而無禮至此罪當萬
死公笑曰落地皆兄弟誰非友也引與
入內設酌大歡高不勝杯勺竟亡走
申文忠公奉使湖南有一妓才貌獨步
公頗鍾情焉臨別戲謂妓曰何以贈我
使覲物思人妓解所佩足墜獻之後有

持妓信書呈于公其題書後曰一隻足
臺曾佩去舉床時復暗思君公笑曰風
流傑士無地無之他年復體察南州妓
為隣邑守所寵而守乃公之故人也公
以妓自隨笑談無異前日而不復相近
以其守為都差使負日夜相從容話舊
略不形於辭色人服其量
河東嘗曰酒為老人乳以穀成之宜有
益於人吾平生不能飯非酒何以至比
徐達城李二相平仲孫二相七休亦以
酒代飯人之五藏強弱不同酒亦別有

入安之處是未可知也然能飲酒者畢竟為酒所勝欲止酒而不得無酒氣則復飲而精神已內消矣

趙宰臣胖有其姑為元脫脫丞相夫之以故幼從姑養於脫脫氏脫脫敗公與所幸美人及一小宦避禍本國中路小宦謀於公曰吾三人脫禍至此萬有疑而問之者是机上肉耳又美人同行也駭人見不知割愛以為存也胡與言議而美人亦英敏乃曰魚與熊掌不可兼得不可以妾之故駢首就戮也泫然泣

下設小酌相與訣別於街頭公二人策
馬兼程行可六七十里許公悲念美人
寸步不能前其意欲還尋美人更敘情
懷也小官曰不須公往奴當致公意而
還也公曰諾小官正見美人墮樓而絶
解其臂環而謂公曰兒女之不可信如
此方與二奚官設酌唱歌見其略無愧
色可鄙之甚也公亦醫之既渡鴨緑江
具道墮樓之事出臂環與之公痛哭幾
絶到本國娶婦生子五六人俱顯任至
勳相猶終身悼念每遇忌日流涕而祭

之
本國舊無木綿布士大夫常服紬布高
麗末文宰相益漸得核於中朝種于家
園而取花又求所以去核引絲之法而
用之湖嶺南最盛而八道無不種人蒙
其利而國用饒足文公之功也　國朝
世錄其子孫賞之又麻布本國之產而
工女率以皮麻織之麤黑不闊譯國初
朝官團領冬則用纁紬夏則用麻布世
族之會有一官服麻布團領而光譯異
常問之婦則乃日以刀刮去麤皮其經

或半尺或不能半尺然甚潔白以此織
布耳有一婦人假病還家試之曰以鋋
刀去其皮而織之由是黑細麻布為本
土之恒貢而為士大夫之盛飾矣
國制堂上官用紗羅綾段以為裹衣而
團領則仍用國布盖有取於衣錦尚絅
之義也 世祖龍飛許以段子為團領
常服而胷背有等載在大典焉然猶不
喜著而只於朝參用之今則非禮宴不
服予以掌令嘗參元日之宴坐于階上
有一倭人目宰相段子胷背曰曾見中國

宰相服之貴國宰相亦服之
高麗六品以上帶金四品以上帶犀二
品以上帶玉　國朝四品以上帶銀二
品以上帶金一品帶犀而已然中朝使
臣至帶犀者亦帶金王子誠寧君朝天
天子賜犀帶由是王子帶犀　世祖曰
均是王子孫宗室之帶犀者雖使臣至
勿改帶後請城西陵相繼赴朝而　天
子皆賜犀帶然帶犀朝官見使臣猶改
金中國豈不知我國宰相之帶犀而有
二韓之賜乎臣意無用改也

河城尙主復以功封府院君豪富冠一
時與其弟河南皆嗜酒酒酣必言言用
文字藻著之曰君財寶有餘而不知所
用文學不足而顧能用之何也一坐大
笑以為名言

予少時見有濟州加氏者出入士族等
出齒虫有效其後同州婢張德學術於
加氏凡齒痛及眼鼻有患出虫無笑病
亦小愈白日以針接以筋鉤取虫虫輒
搖躍數日不死人環立而視之皆莫知
其所以嘗入　大内治齒有驗　命屬

於惠民署爲女醫使年少女醫數人學其術竟無傳者福有私婢玉梅者嘗往於其家張德死而玉梅盡得其術亦屬惠民署家與予比隣觀其所爲眞幻術也予嘗奉使 上國有吞劍而出於鼻孔有木小童應吹而自躍者其他養鳩燃火飛出劍孔等事皆驚駭耳目蓋其流耳

青坡劇談 終

書後者吾先君子之自錄
而送葛洪文分西明先生去歲
家藏與李豫全申浚俞每
仁遠集同入內以藏一家將郎
徒言以集數示第以紹以其後
嗚乎亦素朴修撰閣令更自贈
閑以之事寫寧子孫福至哉
之日紹存陸氏家校某矣之之也

人慮之務沒之書已滅之奈何論
嗟痛哉宜其遺書乃少傳之書
嗚呼于什與劉談殘亡遺存
使先生之名亦朽而至於終亦隱
至之痛甲子冬來書丹陽信
人鍾鶴欲緝其先祖殿芳集云
殘帙見缺爲古籍稍亦力綴不
乃綴輯白于今監司姜相國分

刊聯芳集而生姪婦之序且
請余之撰述大史公曰古之志
昔蔡琰誦其先人之書於防雖
巳失之後乃以百餘篇至見事
改先箕裘有更序訓而誦而
傳之又而於蔡一婦人何贊於
吳於此以詩文雖不多子孫耳
違而孫咸蔑而興頗者私收

[illegible]歲[illegible] 新安面

[illegible]之論謹[illegible]

主 [illegible]氏

冊主 尹氏

계명대학교 동산도서관 소장 『靑坡集』의 문헌적 특성

張 仁 鎭 (계명대학교 동산도서관)

1. 서지 사항

청구기호 : 계명대 '귀 811.081 이육ㅊ'
李陸(1438~1498) 著, 李嶮(著者의 子) 編. 固城, 中宗 7(1512)
木板本, 2卷 1冊, 26×16.6cm. 東裝
四周單邊, 半郭 17.7×13.4cm. 有界. 11行15字, 下向黑魚尾
序 : 正德壬申(1512年)… 姜渾
跋 : 正德己巳(1509年)… 李嶮

2. 저자

李陸(1438~1498)의 字는 放翁, 號는 浮休子[1] 및 靑坡居士이고, 本貫은 固城이다. 고려 때 守門下侍中을 지낸 杏村 李嵒의 현손이고, 密直副使를 지낸 平齋 李岡의 증손이며, 조선 세종 때 좌의정을 지낸 容軒 李原(1368~1430)의 孫子이다. 아버지는 문과에 등제한 후 敦寧府正에 이른 李墀(1420~ 1486)이고, 어머니는 延日人 鄭保의 따님으로서 圃隱 鄭夢周의 증손녀가 된다.

저자는 固城 이씨 명문 출신으로서 1438년 4월 16일에 서울 靑坡洞에서 태어났다. 어려서부터 뜻이 크고 기개가 있어서 남에게 굽히기를 싫어하였으며, 22세가 되던 1459년에 生員·進士試에 입격하였고, 1462년에 智異山을 유람하며, 斷俗寺 등지에서 3년간 수업을 하였다. 27세가 되던 1464년에 「遊智異山錄」을 짓고 하산하여 지난 사마시에 함께 입격한 사람들과 촉석루에서 「續蘭亭會」를 열었으며, 그 해에 溫陽親試文科에 壯元으로 급제하여 成均直講에 超授되었다.

---

1) 『朝野輯要』(필사본, 계명대도서관 소장본), 世祖 朝 인물 篇의 '李陸' 條에 "字放翁 號靑坡 又號浮休子 大憲, 原[李原] 孫"이라 하였다.

漁溪 趙旅는 장원한 그에게 다음과 같은 賀詩를 지어 주었다.

游覽江山跡未剜	강산유람 발자취 아직 사라지지 않았는데
魁登龍榜步天門	문과에 장원급제하여 조정에 걸음 했네.
眼前雲路人爭仰	눈앞의 벼슬길 사람들 다투어 우러러보니
能繼容軒與杏村	능히 容軒과 杏村을 이었네.[2]

29세가 되던 1466년에는 拔英試에서 2등으로 등제하였고, 이듬해에 왕명으로 安孝禮, 金紐 등과 都城을 尺量하여 地圖를 제작한 바 있다. 그 이듬해에 文科重試 乙科에 합격하여 世子文學, 宗學司誨 등이 되어서 藝文館 應敎를 겸하였다. 이어 사헌부 장령, 掌隷院 判決事, 성균관 대사성, 공조참의 등을 역임하였다.

39세가 되던 1476년에는 저자의 증조부 平齋 李岡(1333~1368)과 祖父 容軒 李原(1368~1430)의 文集을 합본한 『鐵城聯芳集』[3]을 編輯하여 척형인 徐居正의 서문을 받아 목판본으로 刊行하였고, 이듬해에 충청도관찰사가 된 후 이조참의, 호조참의, 斷訟都監 提調, 兵曹參知, 형조참의, 경상도관찰사, 漢城府右尹, 형조참판, 강원도관찰사 등을 역임하였다.

53세가 되던 1490년에는 예조참판으로 正朝使가 되어 중국을 다녀왔으며, 다시 병조참판, 형조참판을 역임하였다. 연산군 1년(1495)에는 告訃請謚請承襲副使가 되어 재차 중국을 다녀왔고, 이어 경기관찰사, 대사헌이 되었으나, 폐비 尹氏의 追崇을 반대하여 사직하였다. 그러다가 61세가 되던 1498년에 병조참판을 지내고, 그 해 3월 17일에 졸하였다. 그 후 戊午士禍로 관작이 삭탈되었다가 1499년에 復官이 되었으며, 成俔이 碑銘을 지었다.

成俔은 「靑坡碑銘」에서 "公은 群書에 博通했으며 史에 더욱 뛰어났다."고 평하였으니, 李陸은 특히 歷史意識이 강한 사람이라 할 것이다.

3. 구성

이륙의 『청파집』은 燕山君 때에 李瓊仝, 申從濩, 兪好仁의 문집과 함께 芸閣에서 간행하려 했으나, 흉년이 들어 간행하지 못했다. 이에 처조카가 되는 挹翠軒 朴誾(1479~1504)이 원고를 가져가서 다시 편찬을 하던 중 갑자사화(1504년)가 일어나서 박은이 被禍되자, 저자의 遺集도 함께 화를 입어 佚失되었다.

그 후 집안에 보존되어 있던 청파 少時의 詩軸 약간 편과 「靑坡劇談」 1帙을 둘째 아

---

2) 趙基永 편, 『生六臣先生集』(목판본, 1833년), 卷二, 「漁溪遺稿」, '奉賀李壯元陸'

3) 본 책의 卷首에는 鐵城(固城)李氏의 內外孫 8寸에 해당하는 '世系圖'가 있는 것이 특징이다.

들 李曒이 丹城宰로 부임하여 직접 繕寫한 것을 저본으로 하여 1512년에 경상도 固城에서 목판본으로 간행한 것이 초간본이다.

계명대학교 동산도서관에 소장되어 있는 이 책은 초간본인데 2권 1책으로 구성되어 있다. 권수에 姜渾의 序(앞 두 장 낙장)가 있고, 다음에 成俔이 쓴 「青坡碑銘」을 실었으며, 卷1에는 詩를, 그 다음 卷에는 '卷' 表示를 하지 않은 「青坡劇談」을 실었다. 권말에는 李曒이 지은 跋이 들어 있다.

권1에 실려 있는 詩는 총 118편이다.

한편 『청파집』의 간행본을 살펴보면 지금까지 3종이 전해진다.

초간본이 나온 이후에 2권 1책의 목활자본으로 간행된 再刊本이 있는데, 이 책은 초간본 체제와는 다르게 편성되어 있고, 光海年間에 간행된 것으로 추정되며, 현재 서울대학교 규장각에 소장되어 있다.

내용을 살펴보면 卷1은 詩이고, 卷2는 文이다. 권2에 수록된 文 22편의 편명을 들어보면 「智異山記」, 「遊智異山錄」, 「五行說」, 「日本國賴忠使送師川首座請僧景轍字圓行字說」, 「義犬說」, 「猫相舐說」, 「三異說」, 「送日本僧聖津首座還國詩序」, 「送成聃年序」, 「司僕將先生案序」, 「友于亭序」, 「京城雜詠後序」, 「蓮亭序」, 「送人序」, 「送慶尙左道軍容使朴議政詩序」, 「風月亭詩集序」, 「金子固詩軸序」, 「送南評事序」, 「鐵城聯芳集序」, 「續蘭亭會序」, 「李公墓碣銘」, 「問對」 등이다. 그러나 이 책에는 『청파극담』이 실려 있지 않다.

그 후 철종 4년(1853)에 후손 李魯善이 초간본을 중심으로 내용을 증보, 재편하여 晉州에서 2권 1책의 목판본으로 간행한 것이 三刊本이다. 이 책의 卷首題는 '青坡李先生文集'이고, 권말에는 '晉州 重刊'이라 표기되어 있다. 이 晉州 重刊本은 권수에 目錄과 姜渾 및 權大肯의 序가 있고, 권1에는 詩와 雜著로 나누었으며, 詩는 초간본에 비하여 「泛舟遊大同江」(3), 「次金公(之岱)義城縣板上韻」, 「竹西樓」, 「驪川淸心樓」, 「許李臺」 등 7수가 증보되어 있다. 雜著에는 「頭流山錄」과 「朴淵瀑布記」가 실려 있는데 「朴淵瀑布記」는 초간본의 『青坡劇談』에 들어 있던 내용을 독립하여 편성한 것임을 알 수 있다. 권2에는 『劇談』을 수록하였는데, 내용을 다시 睿鑑, 記實, 摭異, 度量, 貞烈, 聰明, 明驗, 占驗, 朝服, 衣裳, 飮食, 醫方, 技用, 權術, 滑稽 등 15개의 主題를 설정한 후 내용을 刪改하여 수록하였다. 附錄에는 成俔이 쓴 「青坡碑銘」이 들어 있고, 권말에는 李曒의 後識가 있다.

4. 내용

이 『청파집』의 권1에는 詩 118篇(142수)이 실려 있다. 내용은 1462년 이후 3년간

智異山에서 修學하면서 유람하던 시기에 지은 것을 비롯하여 과거급제 후 관직생활에 이르는 시기에 지은 작품이 수록되어 있다.

권1의 詩의 경우 姜渾은 「靑坡集序」에서 "청파의 詩는 冲淡豪逸하니 참으로 騷人의 韻格을 얻었다" 하였으므로, 좋은 작품을 지은 것이 분명하다. 그러나 『청파집』을 살펴보면 갑자사화 때 저고본이 佚失한 탓으로 작품수가 적어서 시문학의 실체를 알기가 쉽지 않다. 그런데 동생 李陌에게 보인 시를 살펴보면 史를 중시한 학문적 성격이 보인다.

爲勸兒童勤讀史	아동에 권하여 부지런히 역사를 읽게 하니
十千年事眼中新	수천년의 사적이 눈 안에 새롭네.
看他不學無知者	저를 보라 배우지 않아서 無知한 자는
猶是終身面壁人	오직 종신토록 面壁할 사람이라.[4]

이러한 의식은 「청파극담」의 저술에 바탕이 된 것이라 하겠다.

권2에는 「청파극담」이 실려 있는데 전체 96편으로 구성되어 있으며, 내용은 사회, 문화와 관련된 것이 많다. 그런데 1853년에 간행한 『청파집』 晉州 重刊本에 실려 있는 「청파극담」을 살펴보면 전체 96편 가운데 15편이 삭거되었고, 내용을 취한 81편 가운데서도 내용을 산개한 것이 29편이나 되어 과반수가 변개된 사실을 알 수 있다.

한 예로 『청파집』 초간본의 「청파극담」 내용 가운데 權擥과 韓明澮의 방탕한 행위를 기록한 것이 있다. 그 내용은 권람의 집에 鍾이라고 하는 예쁜 계집종이 있었으나 夫人이 무서워서 감히 가까이 하지 못했는데, 이 사실을 알고 한명회가 계책을 세웠다. 즉 한명회는 권람의 병을 고친다는 구실로 그를 남의 집에 나가 있게 하고는 槐花湯을 그의 몸에 발라 황달에 걸린 것처럼 꾸몄다. 그리고 권람의 집에 찾아가 병의 내력을 말하고 鍾의 어미를 설득하여 뜻을 이루게 했다는 이야기다. 초간본의 한 대목을 인용하여 『청파집』 진주 중간본과 비교해 본다.

> 韓(明澮)이 들어가 權(擥)을 보고 나와서 鍾의 어미에게 울며 말하기를, "내 친구는 죽겠구나." 하니, 종의 어미 또한 우는지라, 한이 말하기를, "내가 병을 낫게 하는 약을 알고는 있지만 감히 말할 수는 없다." 하니, 종의 어미가 말하기를, "나의 주인께서 살아만 난다면 무슨 약이든 쓰지 않겠습니까." 하므로 한이 말하기를, "이 병은 다른 병이 아니라, 종을 생각만 하고 가까이 할 수 없으므로 그 勞證이 되어 맥이 가늘고 힘이 약하여 졌으니 얼마 안가서 죽을 것이다. 어미는 어찌 딸자식만 생각하고 부인에게 이야기하여 주인의 생명을 살리지 않는가." 하고는, 다시 눈물을 흘리며 탄식하다가 이어 말하기를, "모름지기 같이 자지 않고 다만 보기만 해도 족히 心中에 맺힌 원한을 풀 수 있으리라." 하니, 어미가 오랫동안 잠자코 있다가 말하기를, "형편이 이렇게 되었으니 어찌할꼬." 하고는 드디어 부인에게 고하고 서로 의논하고 좋은 날을 가리어

4) 李陸, 『靑坡集』(목판본, 1512년), 권1, 「示弟陌」

권람의 처소에 종을 보내게 되었다.[5]

초간본에는 한명회가 계책을 달성하고자 하여 鍾의 어미에게 울면서까지 대화하는 모습은 물론, 士族으로서 신분이나 체면을 생각하지 않고 저속한 언동도 서슴없이 하는 모습을 그대로 표현하였다.

그런데 진주 중간본에는 밑줄 친 부분과 같이 한명회가 鍾의 어미에게 탄식하며 대화하는 내용이나 저속한 말들이 삭거된 것이다. 또 택일하여 보냈다는 기록도 삭거되었으므로 조선후기의 풍속이 조선전기보다 노비의 신분이 한층 더 비하된 사실을 알 수 있다.

이 내용이 權文海의『大東韻府群玉』에도 실려 있는데, 다음과 같이 요약하여 설명하고 있다.

> 韓이 문병을 하고 울면서 말하기를 "내 친구는 죽겠구나. 맥이 가늘고 힘이 약해졌으니 얼마 안가서 죽을 것이다. 부인께서는 어찌 한 여자로서 주인의 생명을 살리지 않습니까." 하니 부인은 드디어 좋은 날을 가리어 婢로 하여금 그를 구하게 하였다.[6]

『대동운부군옥』에 의하면 한명회의 대화 상대자는 鍾의 어미가 아닌 권람의 夫人이므로, 신분상 동격으로 올린 셈이다. 권문해는 退溪 李滉의 문인이므로 '文以載道'적 문학관의 입장에서 기술한 것이라고 본다. 이러한 현상은 詞章 위주의 문풍에서 道學 위주의 문풍으로 이행되던 16·17세기 이후의 시대상이 반영된 것이라 하겠다.

5. 가치

계명대학교에 소장되어 있는 이륙의『청파집』은 초간본으로써 가치가 있다. 이 책에 실려 있는「청파극담」은 비록 歷史書로서의 체계적인 성격을 지니지는 못했지만 저자의 현실인식을 담은 史書인 것은 분명하다. 이륙에 대해서 成俔이 '史에 더욱 뛰어났다'고 평한 사실에 비추어 볼 때 단편이긴 하지만「청파극담」은 주목할 만한 책이라 하겠다.

『청파집』의 異本을 살펴보면 초간본 외에 광해연간에 간행한 목활자본과 철종 4년

---

5) 李陸,『靑坡集』(목판본, 1512년),「劇談」, "韓入見權 出而泣謂鍾母曰 吾友亡矣夫 鍾母亦泣 韓曰吾知所以已病之藥 但未敢言耳 鍾母曰苟吾主得生 何藥之不可施也 韓曰此病無他 以念鍾而不得親 有此勞證 脉微氣弱 朝夕當絶 母何愛一女子 不以告夫人 以活乃主之命乎 復揮泣太息因曰 不須同寢 只可使之相見 足解心中結滯耳 母嘿然良久曰 事勢至此 爲之奈何 遂告於夫人相與定議 擇吉送鍾於權所."

6) 權文海,『大東韻府羣玉』(목판본), 권6, 65頁, "韓問病泣曰 吾友亡矣 脉微氣弱 朝夕當絶 夫人何爲一女子 不活乃主之命乎 夫人遂擇吉 婢以求之."

(1853)에 간행한 晉州 重刊本 등 모두 3종이 간행되었다. 그런데 『청파집』의 내용에 있어서는 초간본을 중심으로 후기에 간행한 진주 중간본의 내용과 서로 비교해보면 도학을 중시하는 문풍변화, 가문을 중시하는 사회의식 변화 등으로 내용을 변개한 사실이 두드러지게 나타남을 알 수 있다.

따라서 이륙의 『청파집』은 초간본과 목활자본, 진주 중간본 등 3종의 異本을 다시 종합하여 비교 연구한다면 저자에 대한 개인 연구 뿐 아니라, 조선 전기의 문풍과 그 시대상까지 구명할 수 있을 것이라 하겠다.

참고 문헌

李陸, 『青坡李先生文集』(목판본, 晉陽, 1853년), 2권1책.
李陸, 『青坡先生文集』(목활자본, 광해년간), 서울대학교 규장각 소장, 2권1책.
張仁鎭, 「청파극담 연구」(계명대 대학원 석사학위 논문, 1986. 12).
張仁鎭, 「嶺南 文集의 文獻的 研究」(영남대 대학원 박사학위 논문, 2005. 8).
趙基永 편, 『生六臣先生集』(목판본, 1833년), 1책(권2).
『朝野輯要』(필사본), 계명대도서관 소장본, 1책(권3).
민족문화추진회, 『한국문집총간 해제집』 1.

계명대학교
동산도서관
고문헌총서
5

청파집(靑坡集)

2008년 10월 27일 인쇄 20,000원
2008년 11월 3일 발행

편자 계명대학교동산도서관
발행인 신일희
발행처 계명대학교출판부
등록 1970년 9월 1일 대구 제7-44호
주소 대구광역시 달서구 신당동 1000번지
전화 580-6232~33 팩스 583-5213

ISBN 978-89-7585-441-5

PRINTING 동아종합인쇄사 잘못된 책은 바꾸어 드립니다.